溝部脩司教からの
贈りもの

１０５名の証言

溝部脩司教追悼集企画実行委員会 編

ドン・ボスコ社

溝部脩司教との思い出

浜口末男

溝部脩神父との出会いは、手紙のやり取りから始まりました。私が長崎カトリック神学院（小神学校）の院長を務めていたとき、確か、一九九六年だったと思います。いろいろな理由から長崎教区の司祭養成システムに手を加え、小神学校と大神学校の間に中神学校を設けることになりました。中神学校は「長崎コレジオ」と命名されることになりますが、準備委員会は、神学生養成経験者から広く意見を聞くことから始めました。

準備委員会の考えをよく理解し、最も親身になって意見をくださったのが、サレジオ会の溝部神父でした。一年かかって「養成綱要」と「諸規則」を仕上げましたが、それで長崎コレジオがうまくいくとは誰も思いませんでした。成否のカギは養成者にかかっていると考えました。そして全員の頭に浮かんだのが、まだ誰も会ったことのない溝部神父でした。早速私がお会いして、院長就任を打診しました。

そのころ溝部神父は、サレジオ会管区長職を終えられたばかりで、残務整理が終わり、管区長の許可があれば、喜んで長崎に来たいと言われました。自分はサレジオ会員で、若者と過ごすことが最上の喜びであり、また歴史家として、プチジャン神父が生活した大浦司教館で生活できれば夢みたいなことですと話されました。こうして溝部神父には、長崎コレジオ（現「長崎教会管区司祭志願院福岡コレジオ」）の基盤を築いていただきました。

長崎コレジオの院長として二年半が過ぎた二〇〇〇年、溝部神父は仙台司教に指名され、長崎を去りました。

二〇〇四年、高松教区に移動された溝部司教は、今度は私に手伝いに来るように依頼されました。教区（長崎）外の移動は、私にとってまったく想定外の事態でしたが、恩義のある溝部司教の依頼でしたので、喜んで手伝うことにしました。こうして溝部司教とは六年間寝食を共にすることになります。

若者と共に過ごすことが、やはり溝部司教の第一の喜びでした。こんなことがありました。東京での司教会議を終えた司教を、夕方七時、高松空港に迎えに行くと、青年たちの集まりをやっている松山へすぐ行くと言う。松山に到着するのは夜の九時です。青年たちとわずか三十分間ほど、夜食を共にするためにバスに乗り込みました。

もう一つの特徴は、合議制を重んじたということでしょうか。一人で事を決定することは決してありませんでした。私にもいろいろ意見を求められ、自分なりに答えていましたが、今考えるとかなり無責任な答えもありました。でも、それをすべて真剣に受け止めてくださっていました。

二〇一一年、東日本大震災の年、私は大分司教に任命されました。この任命に関して、溝部司教が何かお考えを示されたかどうかはわかりません。しかし溝部司教が、私の人生に介入されたであろうことは事実です。神から遣わされた大天使ガブリエルはマリアの人生に深く介入し、決定づけました。溝部司教は私にとって、天の使いだったのかもしれません。

二〇一八年十月に開催されたシノドス（世界代表司教会議）のテーマは「若者、信仰、そして召命の識別」でした。そして若者に相対するとき、最も大切なことは、彼らのところに出向いていって、彼らと交わることだと言っています。溝部司教がとられていた姿勢は、まさにこのシノドス（「共に歩む「同伴する」）だったと思います。溝部司教と共にイエスの声に耳を傾けた若者たちは、どのような道を開き、どのような人生を歩んできたのでしょうか。期待しながらページをめくりたいと思います。

（はまぐち・すえお）

目次

第六章　望洋庵

第七章　帰天　そして、これからの望洋庵

第一章

大分　ドン・ボスコ学園時代

同じ時代を共有できた幸せ

鈴木忠実

一九四一年、別府市西国民学校一年生のとき太平洋戦争勃発、五年生のとき玉音放送をもって戦争は終わった。日本の主要都市は爆撃で瓦礫と化し、食料をはじめ生活物資の欠乏で日本中は疲弊の極に達していた。海外からは大勢の引き揚げ者の帰還が連日報じられていた。

そんなころ、M君家族六名は釜山から帰国。お父さんの故郷、国東の大田村に身を寄せていたようで、その後生活の場を求めて別府にやってきた。いのちがけで帰ってきたのに引き揚げ者に対する偏見、風評等で二重の苦難にさらされたことを後に聞く。M君の弟さんの入院でお母さんは介護、お父さんの仕事も深夜に及び、兄弟は家にとり残される日もたびたびであった。そんな家族のことを心配したAさんとKさんはお母さんに日曜学校に行くことを勧めた。Aさん、Kさんは北浜にあった別府市中央郵便局に勤めていた。M君家族と仕事場が近く知り合ったのだ。別府教会の日曜学校には百名近くの子どもたちが集まっていた。主任司祭のレオーネ・リヴィアベッラ神父は青少年に対する思いが深く、公教要理は学年ごとにグループをつくり、神父、Aさん、Kさんたちがリーダーになっていた。日曜学校のいちばんの楽しみは、卓球大会であった。お目当の商品は米軍キャンプからの贈りもので、チョコレート、缶詰め、石鹸等。M君と何度か決勝戦で争ったが、M君の負けん気の強い一面が蘇ってくる。山の手中学二年生のM君はクラスで特に目立った存在ではなかったが、英語の時間になると、水を得た魚で、朗読も発音も別格だった。夏休みに入ると、お菓子屋のW君に頼んでアイスキャンデー売りのバイトに励んだ。あとでわかったことだが、M君はそのとき出会った人々の好意は終生忘れられない貴重なものとなった、と述懐している。

多感な少年時代、厳しい社会環境の中で生きることの惨めさを体感しながら鍛えられた。豊かな感性と強い心が後の司祭職へと繋がっていったのではないか。家族に恵まれない多くの子どもたちや若者たちと終生寄り添うことを忘れなかった。六十五歳で司教に叙階されてからも小教区のいろいろな問題の解決に奔走されていた。名誉司教になってから、バチカン図書館に保存されていたマレガ神父収集のキリシタン弾圧の古文書が発見された。主に府内藩、臼杵藩の膨大な資料に当時の弾圧の実態が記されているもので、M司教も大分県先哲資料館の学芸員を伴いバチカンをたびたび訪れ、国家事業としての道筋をつけられた。気力・体力・語学力が遺憾なく発揮されたことと思う。同じ時代を共有できた幸せと、大いなる恵みに感謝。

（すずき・ただみ）

溝部司教のカリスマ

カルメロ・シモンチェッリ

私の最初の思い出は、司祭になってイタリアに行ったときのこと。ローマの駅で恩人との出会いでした。初めて自分が経済面で支援した神父に会うイタリア人の母親の情熱的な抱擁に対して慣れていない日本人、溝部神父の戸惑う姿は印象に残りました。あれでイタリア人の良いところを覚えたでしょうね。

もう一つの、少し苦しい思い出は、溝部神父が育英工業高等専門学校から離れて、いきなり大分教区の青年会を活気づけるために大分に行かれたことです。私はそのとき、副管区長だったと思います。溝部神父の行動は、私には個人的なものとしか思えませんでしたから、車で東京駅まで送ったその車中で、「どうしてこのようなときにサレジオ会を離れるのでしょうか?」と溝部神父に愚痴を言いました。育英高専はいろいろと大変な時期でしたから。

二人とも苦しい時間でしたが、溝部神父は黙っていました。彼はそのときさっと、聖霊のカリスマに導かれていて、それは青年のために自分をささげるカリスマだったのでしょう。当時私は、それを理解できなかったのです。溝部神父に申し訳ないと思いました。きっとゆるしてくださったでしょう。それから溝部神父は中津ドン・ボスコ学園園長、調布サレジオ神学院院長、サレジオ修道会日本管区長として、日本のサレジオ会のために献身的に尽くされました。

その後、私と少し関係があるのは、高松教区の司教になられたときです。それは新求道共同体の問題でした。私もこの問題にかかわった一人でしたから、溝部司教のために大いにお祈りしました。

最後は、司教はご病気のためにこの世では長くないということで、家族と親しいお友達のために、ご自分で最後のお食事会を企画されて、私にもそれに来てほしいとのことでした。その晩の様子は忘れられません。

今、私は祈りの本に溝部司教の写真をはさんでいます。いつも「溝部司教さま、私の毎日の宣教活動を助けてくださいね」と祈っています。


(Carmelo Simoncelli)

何を学び　どう生きるか

赤岩民男

私は、青年時代を大分教会で過ごし、青年会活動に全精力を注ぎました。私の妻は青年会活動を共にした同志です。こうしたときに、溝部神父が青少年の担当司祭として、大分教会に赴任されました。共に食事に行ったり、登山をしたり、黙想会等を企画しながら、高校生や大学生・青年に愛情を注ぎ、神を伝えられました。

しかしその後、私は人生最大の試練に遭い、次第に青年会活動から遠のいてしまいました。当時私は、父の経営する印刷会社に勤めていました。しかし、会社が約二億円の借金を抱えて倒産することになってしまいました。年老いた父は自殺したいとまで言い出しました。私は父のためにも、また債権者や社員のためにも、最後まで逃げずに対応しようと決意しました。しかし、そこには想像を絶する厳しい現実が待っていました。私自身、何度も自殺を考えました。一時は、「教会のために全力で奉仕してきた私が、なんでこんな目に遭わなければいけないのか？神は私を見捨ててしまわれたのか？」と、失望の中にいました。

こうした苦しみに耐えられず、私はたびたび聖堂を訪れ、いのちをかけて祈り続けました。

すると涙が止めどもなく流れ、不思議なことに現実に立ち向かう勇気が湧いてくるのです。しかも、多くの奇跡が起こり、不思議に解決に導かれていきました。

数年前、溝部司教の司祭叙階五十周年記念の祝賀会において、参加した人々が語られた溝部司教から受けた感動の体験を聞き、確実に一人ひとりの心に思い出が残っていることを感じました。しかし、別の機会では、「あれだけ真剣に人々に神のことを伝えたのに、時間の経過とともに人々が神から離れ、教会に来なくなった」と言った溝部司教の姿も印象に残っています。

私を含め、高校生や大学生・青年時代を溝部師と共に生きた人々は、今、まちがいなく人生の黄昏の時期を迎えようとしています。溝部司教との出会いを単に楽しい思い出にせず、溝部司教が私たちに何を伝えようとしていたのかを考え、これからの人生を後悔しないよう生き直す必要があると思います。

（あかいわ・たみお）

親愛なる溝部神父!

池田　巧

一九八〇年、中学二年生の私に洗礼を授けてくださったのが溝部神父でした。私にとっては神父、ドン・ボスコ学園中学校校長、英語の先生でした。私が高校卒業前に、中津から東京に移られましたが、管区長、司教になっても変わることなく暖かく接してくださいました。

ドン・ボスコ学園中学校は、幼少期から児童養護施設で育ってきた生徒とさまざまな問題で親元を離れてきた生徒が混ざり合い、併設されていた聖ヨゼフ寮で共同生活をしていました。当時の聖ヨゼフ寮は第二次世界大戦後の復興に向けた施策を背景にもち、カトリックの考えを基に管理された教育環境でした。それぞれ背景をもった思春期の中学生が管理教育の中で外部との接触もなく閉鎖的な共同生活であったために、生徒や先生ともめることが多く、学年のうち二、三人が高校進学、大半は中学卒業と同時に就職していきました。

溝部神父は管理教育の中にあっても、生徒に優しく接してくださる先生でした。さらに、聖ヨゼフ寮では中学生と共に高校生も共同生活をしていました。高校生は聖ヨゼフ寮から市内の学校に通学しますが、それまで施設外の世界に触れることがなかったため、先生方を悩ませている者も多くいました。しかし、溝部神父の行動力と優しさに触れ、徐々に高校生たちが変わっていきました。溝部神父は高校生たちの成長を促すために、当時の児童養護施設としては前例がなかった施設外の同世代の高校生や大学生との交流を行い、新しい世界を経験させるための中心となって活動していました。結果、高校生たちは溝部神父を信頼するようになり、外の世界との触れ合いを提案したときに反対した先生方も、納得するようになりました。

当時の高校生の変化は素晴らしく、しっかり意見を述べることもでき、楽器演奏なども多才でした。中学生にもその影響が波及、高校生は中学生の憧れでした。溝部神父はその後も高校生に外の世界を経験させ、私自身がその一人として新境地を体験しました。

他校の高校生たちも集まる青年会の「心の広場」では、さまざまなことを話し合い、ギター演奏でフォークソングを歌い、最後に全員が振り返りで発言していました。実は、せっかく外の世界との繋がりを広げてくれたにもかかわらず、話しが苦手な私は徐々に集まりに参加しなくなっていたのです。

このようなときでも溝部神父は参加を促すことはなく、ドン・ボスコ学園の記念行事にフォークミサを企画、私をドラム担当にして外の世界のメンバーを巻き込み、当時としては珍しいフォークミサを完成させることで、自信を取り戻させてくれたのです。再び外の世界に出る勇気を与えてもらい、人前で発言できるようになったのは、このときからでした。

当時、溝部神父からよく聞かされていた言葉として「何に出会うかではなく、誰に出会うかが大事だよ」というものがありました。私にかぎらず溝部神父に出会ったことが人生の中でとても大事であったと感じた人が多いことを信じて疑いません。

（いけだ・たくみ）

世界を大きく広げてくれた

上野功美子

今から四十五年前、私が十五歳のころ、中学校で行われた卒業錬成会で溝部神父と出会いました。学校の行事ではありましたが、個々に意見を述べさせる溝部神父の方針に、自分の思いを口にすることが不得手な私は「苦手な神父」と思い、もう会うこともないだろうと思っていました。ところが高校に入学し、教会の高校生会に参加する機会を得て、図らずも溝部神父と再会することになり、それ以降は誰よりも信頼できる神父となりました。

幼稚園から高校まで一貫性の学校に通った私は、他の学校の人たちや近所の同世代の人たちと接することがなかったため、高校生会を通じていろいろな学校の人たちと交流ができたことは、私の世界を大きく広げていきました。その出会いと交流に多方面で良い影響を受け、私の高校時代は高校生会一色となり積極的に物事に取り組めるようになりました。

高校を卒業し、進学、就職すると思うように教会に行けなくなり、溝部神父とも疎遠になっていきました。けれど時折連絡をいただき、そのつど変わらぬ温かい言葉に、高校時代が懐かしく思い出され、頑張らねばといつも思っていました。

私が最後にお目にかかったのは、カリタス修道女会の修道院で青年と黙想会をされているときでした。修道院で再会し、青年の様子を見学したあと、私の話を熱心に聞いてくださいました。最後までこちらを気遣って、ご自分のことは何もおっしゃらず終わってしまいました。玄関まで送ってくださったとき、普段ハグなど決してなさらない方なのに、別れ際にグッとハグされたのです。驚くと同時にとても心配になりました。今思うとあのとき密かに最後のお別れをされたんだなと思います。望洋庵で溝部司教が体調を崩され、入院されたとき、私の父もまた、危ない状態に陥り、なかなかお見舞いに行くことができませんでした。父が峠を越えて目覚めたとき、「溝部神父さまと会ったよ。神父さまが助けてくれたんだ」と言いました。本当に驚きました。それから一カ月後、溝部司教は帰天されました。

長年にわたりいろいろ貴重な体験をさせていただきました。自分を見つめることを学び、人を信じ大切にすることを学び、周りへの配慮を学び、自分を惜しまず人に尽くす心を教わりました。そして、祈ることの大切さと、神は耐えられないほどの苦しみは与えられないということも。今でも、どこからか「クミ!」と呼ばれる気がします。これからも、溝部司教の教えを大切に心に刻んでいきます。

（うえの・くみこ）

十六歳のときの出会い

有働利恵子

二〇一六年の年賀状は例年と違い一月中旬に届きました。見慣れた文字ではありましたが、闘病中と書かれていました。その日のうちにメールをしましたが、返信もなく不安に押しつぶされそうになったのを覚えています。二月初め、京都の病院にお見舞いに行きました。多少のやつれはありましたが、屈託のない笑顔と冗談まじりのおしゃべりはいつもの溝部司教でした。そして二月の終わり、帰天されました。二カ月後に熊本地震が起きました。余震で不安な日々が続くなかでも、溝部司教に励まされているような気がしました。それまでも離れていても心は繋がっていると思っていたので、帰天されてからもずっとそばにいてくださったのでしょう。でもあの笑顔とおしゃべりに会えないのはとても寂しいものです。

初めてお会いしたのは、溝部司教が三十六歳の神父時代、私が十六歳、明星高校の生徒会室でした。屈託のない笑顔と冗談まじりのおしゃべり、しかし十六歳の私は「妙に馴れ馴れしいおじさんだなぁ」と、すぐには馴染めませんでした。何度かお会いするうちに、どんどん人柄に引き込まれて、高校生会に入り活動に参加するようになりました。やがて錬成会や黙想会にも参加し、キリスト教に興味をもち、洗礼を受けたいと思うようになりました。高校三年生の春、両親に相談しましたが、賛成してもらえずあきらめかけていたとき、溝部神父が反対していた母に会って話をしてくださって、受洗することができました。

信者になったことで私は溝部神父への信頼がよりいっそう厚くなりました。高校生会での活動はいつも楽しく笑ってばかりでした。失敗談もたくさんありますが、特に思い出すのはバーベキューの準備中に切った材料を思いっきり蹴飛ばして女子に叱られて恐縮顔の溝部神父です。お母さんに叱られた子どものようでみんなで大笑いしたのが昨日のことのようです。

でも私たち女子が叱られたことは一度もありませんでした。「国東一周歩こう会」のときも高校生会や青年会のメンバーと一緒に歩き、励ましたり励まされたり、夜はキャンプファイアーの火を囲んでのお話、きもだめしの脅かし役もいちばん楽しんでいた溝部神父は、悩める世代の心の支えでした。いつも私たちの背丈に合わせた行動とお話をされ、自分と向き合うことを教えてくれて、可能性を引き出してくれました。懐かしい思い出ばかりです。

あの十六歳のときに溝部神父に出会ってなかったら、今の私はいなかったと思います。今でも声が聞こえるようです。「やあ、こんにちは！」って。

（うどう・りえこ）

ドン・ボスコと共に生きた人

衞藤祐治

私は今、大分県中津市にある児童養護施設聖ヨゼフ寮で施設長として働いています。ここには以前溝部神父が中津修道院の院長、ドン・ボスコ学園中学校校長として五年ほど在籍していました。ドン・ボスコ学園は、聖ヨゼフ寮の中学生たちが通う学校でした（一九九七年閉校）。実は私が聖ヨゼフ寮で働くようになったのも、溝部神父からの紹介によるものです。

当時、大分教会に通っていた私に溝部神父から声がかかり、今後どのような道に進みたいかと尋ねられました。私は深く考えもせず、人間相手の仕事がいいと答えました。すると中津のほうに子どものための場所があるが行ってみますかと聖ヨゼフ寮を紹介してくださって、今日に至っています。良き出会いに感謝しています。ちなみに私の結婚式も溝部神父が司式してくださいました。

私が聖ヨゼフ寮で働くようになって数年後、溝部神父は大分から中津の聖ヨゼフ寮に赴任してこられました。赴任後すぐに子どもたちと仲良くなり、仲間になっただけでなく一人ひとりの心の中に住む存在となりました。一緒に食事をし、音楽活動を行い、聖ヨゼフ寮以外の高校生も含めた高校生会を立ち上げ、多くの行事を行い、年々彼らの絆は強く深くなっていきました。新たな建物を建て、新たな人々との交流を広げられ、閉ざされた世界であった聖ヨゼフ寮を視野の広い世界へと導いてくださいました。とりわけ若者の心をつかみ、大きな影響を与えるその力は、誰もが真似できるものではありません。

ドン・ボスコのローマからの手紙の中に、「親しみは愛を生み、愛は信頼を生みます」「若者たちに親しむことです。特に休み時間に親しみがないなら愛は示せません。愛が示されないなら信頼も望めません。イエス・キリストは小さなものとともに小さくなって私たちの弱さを耐え忍ばれました」とあります。溝部神父はそのドン・ボスコの言葉を、私たちに行動をもって教えてくださいました。ドン・ボスコの教育を実践され、ドン・ボスコとともに子どもたちのために生きた方でした。

今、我が家の机の上には溝部師の「やあ、こんにちは」と笑顔でこちらを向いた写真が飾られています。威張ることもなく、ただ目の前の子どもたち一人ひとりを大切にし、一歩一歩共に歩まれてこられ、一人ひとりの心の中に住まわれる存在となられ、いつまでも生き続けられています。おそらく多くの方々の心の中に、これからも生き続けられることでしょう。

（えとう・ゆうじ）

一人ひとりを大切に

大川　哲

一九七四年、私が宮崎市の日向学院高校の二年生のとき、当時、溝部神父は大分教区の青少年司牧の担当で、宮崎県のカトリック高校生会の冬の錬成会の指導司祭として来られたのが初めての出会いです。決してイケメンではなくどちらかというその反対で、牛乳瓶の底のようなレンズの眼鏡をかけて、一見、真面目そうで堅苦しそうな印象でした。しかし、講話を聞くとその深い内容に引き込まれて衝撃を受けました。「みんなで一緒に考えてみませんか？」と言われたのを覚えています。

歌もたくさん歌いました。幼児洗礼の信者が教会から離れることが多いなか、私が今も教会から離れずにいられるのは当時の高校生会の活動をとおして自分の信仰を見つめ直すきっかけが与えられたからであり、溝部神父をはじめご指導いただいた方々のお陰だと感謝しています。

その出会いから溝部師が亡くなるまでずっとかわいがっていただきました。私の妻は延岡市の緑ヶ丘学園高校（現・聖心ウルスラ学園高校）出身で、高校生会の私の一学年下でした。妻は二〇一六年に帰天しましたが、自称「私は溝部司教の娘」と言いながら、会えるのをいつもとても楽しみにしていました。

溝部師にゆかりのある方々にお会いすると、皆さんがそれぞれ「自分はかわいがっていただいた」と感じているように思います。私たち夫婦もずっとかわいがっていただきました。妻は乗り物酔いするので、高校生会の行事が宮崎で行われるときには溝部神父が途中で妻を拾って、酔わないようにワゴン車の助手席に乗せて大分、宮崎間の送り迎えをしてくださったそうです。結婚してからは、自宅にも泊まりに来てくださいました。

一九九四年には、ドン・ボスコ海外青年ボランティアグループ（ＤＢＶＧ）のパプアニューギニアの視察に夫婦で同行、貴重な体験をさせていただきました。ほかにも、東京や長崎、仙台、高松でいろいろな方々に出会わせていただきました。息子も「溝部じいじ」と慕い、ときどき食事に連れて行ってもらったそうです。宮崎で和食の店をやっている義弟は信者ではありませんが、ときどきお店に寄ってくださった溝部師の大ファンで、お店の遺影には毎朝コーヒーが供えられています。

思い出はたくさんありますが、一人ひとりを大切にされる溝部師に出会ったことは、私たち家族にとってかけがえのない大きな恵みだったと思います。

（おおかわ・さとし）

新しい人は真ん中に

小野美紀

最初の出会いは中学生のころ、大分教会の高校生会の担当をしていた溝部神父はいつもお兄さん、お姉さんたちと楽しそうに活動していました。中学生の私たちは錬成会でお世話になったくらいでした。その後、私が父の転勤で中津市に引っ越し、溝部神父も中津市のドン・ボスコ学園に赴任されました。そのときから親しくなりました。

当時高校生だった私は、溝部神父に「高校生が集える広場をつくりたいんだけど、友達を連れてきてくれない？」と声をかけられ、信者でない友達を誘い、ドン・ボスコ学園の高校生たちと「心の広場」という活動を始めました。

「心の広場」は、仲間とテーマに沿って話し合ったり、錬成会に参加したり、人前で自分の考えを発表したり、これから社会に出て行くために必要な人間形成のさまざまな経験をさせてくれた場所になりました。もう四十年も前のことで、細かい内容は忘れてしまいましたが、とにかく楽しかったことを覚えています。

今も心に残っている溝部神父の言葉があります。

「みんなは仲間同士で楽しんでいるけど、新しい人が来たら、その人を真ん中において、どこから来たの？　何が好きなの？　と、その人のことを聞いてあげてください。新しい人は、初めての場所で心細い思いをしているからね」

それまでなんとなくいろいろな人と仲良くしていた私は、この言葉がとても心に響きました。自分たちが楽しんでいる中で寂しい思いをしている人がいる、ということを考えもしなかったからです。それから今まで、この言葉がいつも気にかかり、少し勇気のいることですが、新しく参加している人、輪に入れずにいる人に、にこやかに声をかけるよう努めてきました。それによっていつも友達が絶えることはありませんでした。

司教叙階のお祝いに、仙台市まで幼かった息子と娘を連れて行ったときは、溝部司教は懐かしくて涙が止まらない私を「な〜に泣いてんだ」といつもの笑顔で迎えてくださいました。京都での金祝のお祝い会では、久しぶりに「心の広場」の仲間たちに会うことができました。

現在私は所属教会で子どもたちのお世話をさせていただいています。昔私たちが溝部神父にしていただいたように、子どもたちの中に入って見守っていくよう心がけています。いつも優しい笑顔で私たちを見守ってくださった溝部神父は今も私の心の中にいらっしゃいます。

（おの・みき）

寄り添う

蒲原尚正

「あなたは、変わらなければいけない。パウロがイエスに出会い、回心したようにあなたもイエスに出会い回心しなさい」

〝みぞ神〟(溝部神父)と出会った初めのころによく聞いた言葉である。当時、教会の高校生会の担当司祭であったみぞ神は、毎春、次年度入学する高校生信者の家へ、数名の高校生同伴で高校生会への勧誘目的で訪問していた。私はと言えば、クリスマスと復活祭のみにミサに行く「なんちゃって信者」であった。私が高校入試に合格したばかりのときに突然、みぞ神たちの来訪を受けて面食らった。そこで、来訪した高校生の一人に「溝部神父さんはどんな人ですか」と、ちょっと皮肉を込めて尋ねた。すると、彼は、目の前にあった小さな箱を取り上げて、「みぞ神は、ほかの人々がこの箱について、見た目の外面ばかりを語るとき、箱の中味について語る人ですよ」と返答したことが記憶に残っている。そのときは、彼の言っていることがよくわからなかったが、後年になって、返答の内容の意図がわかっていった。

そんな出会いから四十数年、みぞ神が私の人生にこんなにも深く親交し、かかわっていく存在になるとは思いもしなかった。遠藤周作ではないが、「一度出会ってしまったら、逃れられない」、人生の楽しいときも苦しいときも、ときには近くで、ときには距離をおいて、見守ってくれる。みぞ神は私にとって、そう、マーガレット・F・パワーズの「足跡」の詩に出てくるイエスのような存在であったと感じている。

みぞ神と中学生のときに出会い、長い年月を経て、私は変わったかと問われれば、確かに変わったのだろう。今は、毎日曜日にミサに行き、誰かのために祈りをささげるし、ペトロのように何度もイエスを裏切りながらも、なんとか信仰心を保ち続けている。そして、自分に足りないものを感じながらも、目の前で助けを必要としている人にその人の立ち位置で寄り添う努力をしている。もしみぞ神に出会わなかったら、私は現在の私と、はるかにかけ離れた存在として生きていただろう。

現在、社会福祉施設で百二十名ほどの幼稚園から小学六年生までの子どもたちと毎日過ごしている。私も、みぞ神が私を温かく見守ってくれたように、目の前のこの子どもたちに寄り添っていけたらと思っている。そしてそれが、みぞ神から受けた恩返しにもなると思っている。

（かまはら・なおまさ）

溝部神父の高校生会

貴島俊英

溝部脩神父に初めて出会ったのは、高校一年の夏、日向学院海の家での高校生会夏期キャンプでした。高速道路もない時代、大分から宮崎日南海岸まで、小型のバスを自ら運転して、多数の大分の高校生を連れて来ました。その後、都城聖ドミニコ学園、大分坂ノ市カトリック幼稚園、宮崎教会での錬成会でもご一緒しました。最後にお会いしたとき、「大学生になった君と話しをしてみたいな」と言われましたが、再会することはありませんでした。

あれから道に迷うことは多々あり、回り道もしましたが、踏み外すことなくやってこられたのは、高校生会での経験が自分の中に核として残っていたからだと思います。溝部脩神父や高校生会ＯＢの大学生たちの指導のもと、私たちは共に考え、おぼつかないながら自分たちの言葉で語り合い、祈りました。短い期間でしたがそれは濃厚な時間で、今思えば貴重な体験でした。

今も、溝部神父と錬成会をやっているような懐かしい気持ちを思い出しています。

（きじま・としひで）

あなたの愛をありがとう

熊本幸子

初めて出会ったのは大分教会での溝部神父の司祭叙階の初ミサのときだった。その後、私は二十歳で東京に移り、溝部神父も杉並の育英工業高等専門学校に赴任され、妙高高原にある恩人の別荘で行われた大分出身の青年会に誘われたのが二度目の出会いだった。参加した青年たちはお互いが初めての出会いで男女各五人くらいだった。そのときの内容はあまり思い出せないが、私が仕切って、溝部神父は「はい、はい」と従ってくださったように覚えている。その後、私は教会を離れ、誘われるとときどき青年会に顔を出すくらいだった。溝部神父はいつも青年とともにおられるので「暇な神父さまなのだなぁ」と思った当時の自分の理解の程度の低さを、今は恥じ入っている。

「本当に愛があるすごい人だ」と感じたのは、私が、千葉で琴を教え、尺八の演奏家と演奏会などを行っていた当時のことである。千葉の百貨店で演奏会を開き、溝部神父を招待したのだが、演奏会が終わったころ数人の青年と一緒に来られた。「え〜、今ごろ?」と言うと、「ごめんな。今日ご復活祭だったから遅くなった」との返事に身が縮まる思いがした。当時の私は復活祭も意識していなかった。にもかかわらず、ミサを終えて二時間もかかる千葉までわざわざ来てくださったのである。教会を離れている私のために、決して説教がましいことはおっしゃらず、何気なくずっと見守っていてくれた愛をひしひしと感じた。

私もいろいろあったが、回心してサレジアン・シスターズの志願院に入ったときも、私には直接何も言わなかったが心配してくださって、青年会のメンバーには「そっとしてあげて」と勧め、シスターたちには「どうぞ熊本さんをお願いします」と挨拶周りをしてくださったようである。修道誓願を立てて何年もたってから、溝部師から「シスターに謝らないといけないことがある。正直ここまで続くとは思わなかったのにこんなに立派になって」と言われたこともあった。それほどずっと気にかけてくださったということを初めて知った。

若者に対するこのような配慮は、誰に対しても同じように示されていた。思い出をあげればきりがないが、溝部司教は本当に青少年一人ひとりを心から愛した人だったと、私は心から断言できる。

「若者一人ひとりへの、あなたの愛をありがとう！」

（くまもと・さちこ）

「心の鈍い人になってはいけない」

小森庄二

一九七六年、私は二十歳のときに長崎から大分へ来ました。長崎では毎朝ミサに与っていたのに、大分では教会へ行っていませんでした。クリスマスの前に教会へ行きたいと思い、大学のコーラス部のコンサートでたまたま出会ったシスターに、教会の場所を尋ねたのを覚えています。

数日後、溝部神父が私の学生アパートまで来られ「青年たちのクリスマス会に来ないか」と声かけてくれました。それから一九七九年、溝部神父がドン・ボスコ学園の園長になるまでの三年間、青年会でお世話になり、共に時間を過ごすことができました。その後、一九八〇年には長崎で青年の全国大会を開催することができました。

大学を卒業して東京へ就職したのですが、一年ほど過ぎて、別府の「光の園」へ来ないかと声かけてくださったのも溝部神父です。それからは三十年ほど養護施設で子どもたちと生活をしました。

溝部神父との思い出はたくさんあるのですが、いちばん心に残っているのは毎週青年会で行われた「振り返り」（分かち合い）です。この「振り返り」をとおして、青年たちが成長していくのを感じることができました。また、溝部神父の「心の鈍い人になってはいけない」という話が印象に残っています。心の鈍い人は、近くに弱い人、助けを求める人がいても気づかない、将来自分の伴侶になる人がそばにいても気づかない人だというのです。

溝部神父をとおしてたくさんの人と出会い、私もその人たちも大きな影響を受けたと思っています。狭い世界で生活していた私を、広い世界へと向けさせてくれたような気がしています。

溝部師は、将来自分が出会った人たちとのことを本にしたいと話していました。今回、溝部師に出会った人たちが、その出会いを本にするというのも不思議な気がします。

（こもり・しょうじ）

〝みぞ神〟が繋いだ仲間たち

佐藤栄作

私がみぞ神（溝部神父）と初めて会ったのは一九七四年四月、高校二年生のときでした。私は大分県中津市にあった、中学校を併せたドン・ボスコ学園という施設で仲間たちと生活していました。その学園の園長として来られたのがみぞ神でした。

ある夜、「栄作！中津で高校生会を立ち上げないか！」と言われました。最初はびっくりして嫌だと言いましたが、しつこく「お茶飲みに来ない？」と院長室へ呼ばれました。そこで、大分教会での青年会や高校生会の立ち上げ話を聞かされ、次第にやる気にさせられてしまいました。そして、数少ない仲間と活動を始めたことを記憶しています。

でも、すぐに活動ができるわけではないので、みぞ神が大分教会の高校生会のイベントや活動に参加できるよう手配してくれました。そのお陰で、この活動を通じて自分自身も変わっていきました。大分教会の高校生会で学んだことを、中津で同じようにやっていくなかで、少しずつメンバーも増えてきました。

大分教会高校生会の活動に参加したとき、必ず振り返りを行う習慣があり、一人ずつ自分の思いを話していました。今日起きたこと、感じたことなどを順番に話し、皆で聞くのです。私の番になったとき、緊張のあまり上手に話しができずにヘコんだ記憶があります。みぞ神に話したら、「慣れていくことも必要だよ」と優しく諭され、院長室でお茶を飲んだときには、振り返りの練習を兼ねて活動について話をしたものでした。その結果、私は少しずつ人前で話せるようになり、みぞ神から鍛えられたことが身についてきました。

後に〝振り返り〟が人生で大切なことだと気づきました。たとえば、会社で物事に行き詰まると振り返っては戻ってやり直すようになっていました。自然に、です。これは癖になっています。

中津での高校生会を約二年活動した後に、関東地方へ就職し、その後、みぞ神も関東にいることを聞き、一緒に高校生会を立ち上げた仲間たちと集まることもありました。みぞ神を囲んで中津時代の話になり、笑いが絶えませんでした。

また、私にとっていちばんの思い出は、みぞ神に結婚式を挙げてもらったことです。そして、それを機に毎年バーベキュー大会を開催し、みぞ神を囲んで仲間たちとワイワイ楽しんだことです。年々仲間たちの家族が増えてみぞ神ファミリーは二十名を超えていました。子どもたちと川遊びをしたり、公園内を走ったり、あるときは、猛暑の日に汗だくになったみぞ神を、エアコンの利いた車内で休憩させたりしたこともありました。みぞ神を囲んで集まり、仲間たちと時間を過ごしたことは、本当に楽しいひとときでした。
私は今、東北へ転勤していますが、いつかみぞ神の思い出を語れるバーベキュー大会を同じ場所でできたらいいいなと考えています。

（さとう・えいさく）

心に寄り添う

澤田正一

中津ドン・ボスコ学園で生活していた高校生の夏の国東半島巡礼合宿がいちばんの思い出です。巡礼の参加者は各教会の高校生会の青年たちでした。私はそれまでほかの教会の青年との交流はあまりなかったので、みんなとうまく交流できるのだろうかという心配がありました。しかし、溝部神父の柔和で気さくな人柄が周囲を和ませ、案外早く打ち解けることができました。浜辺でのスイカ割りや教会の宿泊所でみんなと夕食作りをしたことは、一生の思い出となっています。特に就寝前の溝部神父の話は、若者の心に響く言葉で魂に語るもので、このひときは私たちに安定と安らぎをもたらしました。

「さあ、これから振り返りをしましょう」と溝部神父が優しく声をかけると、参加者の皆はそれぞれの気持ちや考えを素直に話しました。もちろん私も自分を内観するうちに、自分の抱えていた悩みや苦しみを仲間と分かち合うことができました。初対面の仲間にも自然と心を開くことができて、最終日の合宿での振り返りでは、感極まり胸が熱くなりました。できればこの巡礼合宿をいつまでも続けていたいと強く思いました。まさに溝部神父の霊性により一つの共同体が生まれた瞬間だったと思います。

その後、各教会の青年とは、社会人になっても交流が途絶えることはありませんでした。ミサのあとの音楽活動や親睦会など、私自身も教会の青年会で多くのことを学びました。その活動がきっかけとなり、恵まれない子どもたちへの支援を目指して児童養護施設職員となりました。

子どもたちに接するうえで私が大切にしていることの一つに「子どもの心に寄り添う支援」があげられます。それは高校時代に出会った溝部神父が大切にしていたことでもあるのです。私たち未熟な若者に対しても愛と忍耐をもって優しく接してくださった、その姿は今でも私の心の中に生き続けているのです。私はこれからも若者への支援を行っていきたいと思っておりますが、常に原点に立ち返りながら前に進んでいきたいと思います。

（さわだ・しょういち）

それは今も続いている

高田勝実

初めて会ったのは大分高専の三年進級時の春休み、高校生錬成会に参加したとき。そして、秋ごろから高校生会に参加するようになり、そのときから溝部神父とのかかわりが始まった。四年に進級前のある日、自宅に溝部神父が訪ねて来た。高校生会のヘルパーを務めている方の就職に伴い、私に高校生会ヘルパーをやらないかということだった。

当時、高校生会のメンバーは女子ばかり、溝部神父と一緒に男子高校生の家を訪ね歩き、一人また一人と男子高校生を誘い入れ、徐々にメンバーは増えていった。このとき、必ずと言っていいほど〝〆のラーメン〟を食べた。あとでみんなからラーメンで釣られたと言われるほど恒例となっていた。仲間たちは高校生会の部屋に年中入り浸っていた。腹が減ったらストーブの上に鍋を乗せ、ラーメンや焼きそばを作って食べた。何が楽しかったのだろう、そのときのエピソードをあげるときりがない。

私たち高専生は短大と同じく二十歳で卒業、高校生会と青年会の中間的な存在だった。溝部神父が大分県立芸術文化短期大学で教えていたこともあり、短大生年代の「すくすく会」というグループを立ち上げた。高専生、芸短生、多くの学生が集まり、多くの未信者たちがカトリックと触れる機会となった。私が高校生会ヘルパーや「すくすく会」で溝部神父と共に活動した期間はわずか二年である。その二年間のなんと濃かったことか。わずか二年で、なぜあれだけの活動ができたのだろうと不思議に思う。

卒業、就職、大分を離れ東京へ、転職で岐阜に在住することになり、結婚、子育て、起業、忙しい日々が続き、あっという間に十四年が経過。三十四歳のとき子どもたちのボーイスカウト入団を機に私も指導者としてかかわることとなった。やがて私が高専在学当時の溝部師の年代になり、その活動で高校生、大学生、若年社会人とかかわることになった。その中で常に思ったことは、こんなとき溝部師なら何を考え、どうするだろう？ということだった。それは現在も続いている。そして、社会人になり巣立っていったスカウトたち、隊長・副長となり後進のスカウトたちを指導している若者たち、彼らの成長していく姿が私の喜びとなっている。

溝部神父と出会えていなければ今の自分はない。あの濃い二年間がなかったら充実した今を過ごすことはなかっただろう。還暦を過ぎ、いつまで続けられるかと思っていたが、溝部師が生涯をとおして青年たちと時を過ごしたことを思うと、まだまだと思わされる。

溝部師の「かつみ、終わりはないんだよ！」という声が聞こえてきそうだ。

（たかだ・かつみ）

途上の同伴者

田口孝志

　一九七三年三月、司祭叙階を受けた私は、大分教会の助任司祭として教会の高校生会と教会学校を担当した。同年十月、溝部脩神父は、教区の青少年担当司祭として赴任され、大分県と宮崎県の青年たちのため奔走した。そのかたわら、師は、大分県立芸術文化短期大学でイタリア語を教えながら、豊後のキリシタン史を研鑽されていた。

　青年司牧では、大分教会の青年会、大分高専の学生の「すくすく会」、ノートルダム修道会のスタディーセンターを拠点に大分大学生対象の集会を定着させていた。溝部師は、集会を単なる陽だまり的居場所にとどめず、各自が一日、一週間の振り返りを行って、自分自身を見つめ直す場にし、お互いの思いと境遇を共有し合うことを大事にしていた。

　折しも日本社会は高度成長期にあり、どこの教会にも若者がいて、活気に満ち、勢いがあった。青年たちは教会に自分たちの居場所を見つけ、錬成会やキャンプ、奉仕活動を展開させ、教会共同体もそれを歓迎し、期待を寄せていた。そうしたなかで、自分たちで「青年の家をつくろう！」という機運が高まり、大分教会の信徒会館の一部を取り壊して、一階に集会所とカトリック案内所（売店）、そして二階に溝部師の居室と客室を配した「カトリック青年の家」が、一九七八年五月に落成した。この青年の家にどれだけの青年たちが集い、祈りと触れ合いのなかで自分自身を取り戻し、将来を見据えて旅立っていったことだろう。

司祭の道を歩き始めた私自身にとっても、溝部師との出会いで司牧のお手本を教授していただいたことは大きかった。私が別府湾で釣ってきた甲イカを塩辛にして、国民の酒「焼酎　白波」を飲み交わしながら、しばしば司牧の苦楽を共にした。師は五年間の任務を終え、中津ドン・ボスコ学園長として赴任し、やがて会の管区長の任に就いた。そのあと長崎コレジオ院長に拝命され、仙台教区司教として神の選びを受けられたことは、諸氏がご存じのとおりである。

私が溝部師と再会したのは、大分教区の司教空位の三年間、教区管理者として定例・臨時司教総会に出席したときだった。師は定年退位が近づいていて、残された歳月を青年たちと大分の地で最後の使命を果たしたいと明かされた。しかし、師の視野はもっと広く大きく、確かな働きの場を見とおしておられた。それが京都の「望洋庵」だった。

溝部師の体調がすぐれないことは、大分でも情報が流れていた。余命が告知されたのか、師は、亡くなる一カ月前、別府のサレジオ・ハウスの近くのレストランで、ご兄弟と限られた方々と食卓を共にした。誰もこれが最後の食事になるとは思わないほど、溝部師は陽気であった。最後まで自分を与え尽くそうとする計り知れない優しさと思いやりを感じ取った。

溝部脩師が帰天されて早や四年。諸々の装飾が取れてきた今、師の面影を描けば、それはちょうど、復活された主が暗い顔つきで意気消沈して故郷エマオに向かう二人の弟子に背後から近づき、「あなた方が語り合っているその話は、何のことですか」と語りかけ、旅の道連れになった姿と重なってくる。それは、出会った多くの人と「途上の同伴者」となって逝った溝部脩司教の面影である。

私も同伴された者の一人として、師への深い感謝と敬愛の情をおささげいたしたい。

（たぐち・たかし）

感謝の一コマ

田沢洋子

今から四十数年前のこと、教会の日曜学校の子どもたちのキャンプに私の五男が参加したときです。先生も生徒も雑魚寝と聞いていましたが、悪盛りの五男が溝部神父にガーンと叱られたとのこと、今でも記憶にあるようです。五男にとって、溝部神父との生涯忘れられない出来事のようでした。

私には五人の男の子がいて、躾など、なるにまかせる仕事優先の生活でした。今思うと、大切なときにお叱りを受けたことは、本人のためにも生涯の宝になっているのではないでしょうか。

溝部神父に感謝の一コマです。

（たざわ・ようこ）

みんな「溝部神父のお友達」になった

田中次生

　私が志願院にいた中高生のころ、志願者の係りの神学生の一人が溝部神父でした。そのころ直接に学校で授業を習ったことはありませんでしたが、志願者の自習監督や夜の団体遊びなどではよく一緒でした。私はスポーツや遊びでもすぐ興奮するので、先生にとっては迷惑な存在だったことでしょう。しかし、私が宮崎の日向学院で教壇に立ち、カトリック研究会と宮崎教会の高校生の指導をするようになったとき、溝部神父は私の大切な存在になりました。

　当時教会の高校生たちはやる気十分で、夏休みにラサール高校を会場に、「全九州高校生大会」を開催したときは、三百人ぐらい集まりました。大分教区では、溝部神父が大分県を、私が宮崎県を担当しました。しかし県全体で錬成会をしようとしても、日向学院、都城聖ドミニコ学園、聖心ウルスラ学園、それに各教会との連絡をとるのも大変でした。それで溝部神父と相談し、小さな教会で十人や二十人で寂しくやるより、大分教区として大々的にやろうと計画し、教区としての「夏のキャンプ」と「冬の錬成会」の計画を立てたのです。リーダーの養成から始まり、日向学院の寮やカリタス修道女会志願院にお願いして、泊まり込んで「錬成会」を何度か開催しました。嬉しいことに男女共にリーダーとして先頭に立って会の運営に携わってくれる高校生がたくさん増えました。

彼らと計画した「夏のキャンプ」と「冬の錬成会」を忘れることはできません。一九七五年の日向学院の海の家でのキャンプが最高でした。高校生が九十名、ＯＢや指導神父たちが十名余りで狭い家は熱気にあふれました。ミサ、ディスカッション、ゲーム大会で盛り上がりましたが、最後の晩のキャンドルサービスが最高でした。暗い中で「握手の儀」が行われ、全員が輪になって握手し始めたとき、感動した人たちが泣き始めたらそれが全員に波及し、男の子も女の子も泣きながら握手してまわったときには本当に感動しました。

溝部神父はその中心におり、温かく一人ひとりを見守るのでした。やる気のある高校生たちはリーダーとして成長し、大学生になったら、指導する側のアシスタントとして参加し、毎年のキャンプや錬成会のお手伝いをしてくれるので大助かりでした。そういうアシスタントの打ち合わせなど、溝部神父の適切な指導があり、なおかつ「反省会」の後には必ずビアガーデンでの乾杯に招待してくださり、楽しい一時を過ごすことができました。溝部神父は真面目なときだけでなく、若者の喜びには気持ちよく参加されるので、みんな「溝部神父のお友達」という感覚をもって楽しく接することができたのでした。

溝部脩師が亡くなられて大変寂しい気持ちです。しかし溝部師はキャンプや錬成会に参加したかつての高校生たちの心に、今でも笑顔で生き続けているのは確かなことです。かつての高校生に会うと、必ず「溝部司教」との懐かしい思い出話に花が咲くのですから……。

（たなか・つぎお）

言葉を支えに

堤　洋子

一九八〇年全国青年大会が長崎で開催されました。私たち福岡の青年会は分科会の一つであるキリシタン史の担当となり、そのときに依頼した講演者が溝部神父でした。私はこのときが初めての出会いと思っていましたが、実際は違っていました。

講演会後の分かち合いをしているとき、溝部神父がふらりと私のグループに近づいて来て「入れて」と言って私の横にストンと座られたのです。「どこから来たの？」と尋ねられ「福岡です」と答えると「福岡は何年か前に黙想会の指導で行ったのだけど、今までいちばんひどい黙想会だった」と言われました。よく話を聞くと、当時高校生だった私もその黙想会に参加していたことを思い出しました。実は参加者の一人の高校生が夜中に教会から抜け出し大騒ぎになり大変だったとのこと。真面目な私はもちろん寝ていて、このとき溝部神父から話を聞くまで何も知りませんでした。初めての出会いはこの黙想会だったということになります。溝部神父とは帰りの電車まで一緒になり「中津に遊びにおいで」と言われ、その誘いのままにそれから何度も中津に行くようになりました。

「信仰は真面目に‼」と思って生きてきた私は、そこで考えたり感じたりすることをたくさん経験し、どんどん引き込まれていきました。聖書の勉強会がすぐに清酒の勉強会に変わったり、小さな部屋で三人だけのミサをあげたり、バレーボールや登山をしたり。溝部神父に会える中津はどうしようもなく行きたくなる魅力的な不思議な場所でした。溝部神父が中津から離れても国内外問わず行った先々の土地の絵葉書が届き、また、お目にかかることもありました。

家庭をもった後、溝部司教の声かけで「ソロモン友の会」というボランティアを始めました。ソロモンはじめいろいろな場所へ若者をボランティア活動のために送る資金集めとして毎週ワッフルを焼き、ミサ後に販売する活動です。その活動の際にも、ソロモンの社会情勢やマラリア等の衛生状態、そして資金難への不安に対して「何も心配することはない、神に委ねること」と、いつも溝部神父は言われました。この言葉は今の私の心の支えです。

私の三男はサレジオ会員として、二〇一九年三月にパプアニューギニアのジャングルの中で現地の生徒二百五十人に見守られ誓願更新を行いました。将来は宣教師になるという夢をもっています。親としては喜びとともに心配や不安が尽きません。そんなとき、溝部師の「何も心配することはない。神に委ねること」をいつも心の中で思っています。

（つつみ・ようこ）

〝みぞ神〟に乾杯！

南寿早苗

「私の司祭生活は常に若者とありました。こうして元気に五十年を祝うことができるのも、これらの若者が私に力を与えてくれたからだと思います。司教という仕事を終えて、念願であった青年活動に専念できることを最大の幸せと感じています。青年活動といっても、もう私は七十九歳です。昔のように先頭に立って走ることはできません。しかし、一緒にゆっくりと歩むことはできます」（『マルコによる福音①青年と読む福音』より）

溝部神父が、まさに先頭に立って走っていたころに私は出会うことができ、一緒に走らせていただきました。大分のカトリック海星幼稚園に通った私が、親しみを感じていた大分教会に行くようになったのは、一九七五年の春ごろのことです。そのころの大分教会は青年や高校生の活動が盛んでした。その中心にいたのが、司祭になって十年ほど、四十歳になったばかりの溝部神父でした。

高校生会に参加するようになった私にとって、さまざまな高校から集まってきた仲間と過ごした時間は、本当に素晴らしいものでした。まずは「共に歌うこと」。〝みぞ神〟（親しみを込めて、皆がこう呼んでいました）の歌声で始まり、誰かがギターを弾く、その歌声がどんどん大きくなり、響き渡るのを、四十年以上たった今でも忘れられません。たび重なる「遊びっぷり」に、ときには主任司祭にお小言を言われることもありましたが、みぞ神は変わりませんでした。

そして「歩くこと」。溝部神父と肩を並べて歌いながら、国東半島を歩きとおしたことも鮮明に覚えています。冷たくて嬉しかったかき氷の味も。フランシスコ・ザビエルの思いを貫いたペトロ・カスイ岐部の像にたどり着き、記念撮影をした記憶も蘇ってきます。

何を思って私たちは集まっていたのかわかりませんが、いつも共にいてくださる溝部神父や友と過ごす日々が楽しかったのでしょう。学校や家庭以外の居場所があったことは、かけがえのない恵みであり、それは、溝部神父の大きな愛に包まれていた場所なのだと今はわかります。何の恩返しもできず、後悔の日々、天におられる溝部神父と対話をしながら、導いていただけるよう祈るばかりです。

司祭としての青春時代を共に過ごしてくださったことに感謝しながら、繋いでくださったあのころの仲間と〝みぞ神〟に乾杯したいと思います。

（なす・さなえ）

溝部神父のもとに集まるところ

畑田直純

一九七二年、私はカトリック別府教会に高校生として在籍していた。自分たちが気楽に集まれる部屋をもちたいと信徒会館の半地下のホールのステージ脇の空間を希望すると、使用が許可された。とりあえずまず、そこに集まることから始めようということで、テーブル上に何でも書き込むことのできるノートを設置した。すると書き込みが増えるとともに、部屋を訪れる高校生が増えていった。さらに別府教会だけでなく大分県内の教会を回り、高校生同士の交流を深めた。このときにいつも車を運転してくださったのが、溝部神父だったと記憶している。

新しい企画が出るといつも何も言わずに応援してくれた。クリスマスのとき、高校生だけで部屋で夜を明かす企画をした際にも、責任者として許可してくれた。いつも自由で自主的な発想をすることを望まれ、それに寄り添われた。一泊や二泊の錬成会も積極的に支援され、東京から青少年司牧委員で高校生活動指導者会の担当司祭を呼び、KJ法による分かち合いのまとめなどを体験させていただいた。このKJ法は文化人類学者の川喜田二郎氏が考案した手法で、川喜田氏の著書によって広く紹介されたのが一九六七年だったことを思うと、いかに新しい情報をすぐに取り入れ、私たちを指導されていたかがわかる。共同作業をやっていくなかで、気がつかなかった自分や他人の一面を見いだし、悩んでいたことの意味の理解などが深まった。青少年期の生き方や考え方に幅を与え、豊かな人間性を育てていく大きな助けになったと思う。

引き続き青年会でお世話になった際も、小さな集まりの段階をとても大事にして皆が心を開き、居心地の良い場所となることから始められた。この結果、会員同士の連帯感が強まり、さらにほかの教会の青年たちとの繋がりも広がっていった。このように、溝部神父のもとに集まるところ、青年が気楽に心を開く環境が与えられ、青年同士、そして溝部神父との個人的な深い関係を築くことができた。十五〜二十歳の五年間を溝部神父とかなり近く、また時間的にも長く過ごさせていただいたことが、私自身の人格形成に大きな影響を与えてくださったように思う。

世情に流されるのではなく、目の前にいる人との交わりを大切にしていくことにより、より豊かな人生を生きることができる。このような基本的でとても大事なことを青年期にしっかりと教えていただけたことはとても幸運であった。また、溝部神父も多くの青少年との交わりの中で、このような創造的で豊かな瞬間をご一緒に十分に楽しんでこられたのではないかと思う。いつか天国での再会を楽しみに、お導きに少しでも沿った人生を全うしたいと思う。

（はただ・なおずみ）

「心の広場」で体験したこと

原田恭輔

私がドン・ボスコ学園時代、中津工業高校一年生のときに溝部神父、〝みぞ神〟が赴任されてきました。ある日、みぞ神に呼び出されこう告げられたのです。

「原田君、高校生の集まる場所をつくり、交流を図りたいので協力してくれないか？」

私もドン・ボスコ学園と高校だけの世界から抜け出したい思いもあり、協力することにしました。それから高校の友達に声をかけて人を集め、中津カトリック教会の部屋を借りて、なんとなく高校生が集まるようなカタチとなったのです。それが「心の広場」の前身です。

集まってはギターを弾いてみんなで歌う。そのうち歌集をはじめ、皆で協力して作る楽しさや充実感を体験させてもらいました。ある日、みぞ神から体験型学習ゲームの本を渡され、それに倣っていろいろな体験ゲームを企画するように言われました。今で言う5W1Hでものを考え企画するといった日々。できたらみぞ神に相談し、修正し、また修正され、ホントに鍛えられました。腹の立つときもありましたが、あの笑顔と優しい口調でうまいこと丸め込まれていたのだと思います。

行事をこなし、仲間もだんだん増えていくと、この会の名前を決めよう、名前が決まったら、会長、副会長など組織として役割を決めよう！と言われました。私たちは○○会とか、○○サークルといった当たり前の名称を考えていたのですが、多くのアイデアの中から最終的に決まったのが「心の広場」でした。なんだか字余り的で、そもそもイメージと違ったので最初はピンとこなくて。でも活動を進めていくと本当に良いネーミングだ、みんなが心を開き、寄り添い助け合うそんな広場になっているなと思うようになりました。

夏休みのキャンプ、一日の振り返りで一人ひとり発言したこと。キャンドルサービスを行い、涙を流しながら心を開いていったこと。協力してカレーライスを作ったこと。みんなで輪になってギターを奏でながら歌ったこと。「心の広場」で体験した風景はとても大切な思い出です。「心の広場」の初代会長を務めた私はみぞ神にリーダー学を叩き込まれたのでしょう。社会人になって三十五年以上、会社の寮自治会長、サッカー部キャプテン、ＰＴＡ会長、地元夏祭り実行委員長、そして今は労働組合の委員長……。みぞ神の教えにより、人とかかわり、人のために尽くすことが、何より自分の幸せに繋がっています。みぞ神がいなければ、みぞ神と出会っていなければ、今の自分は絶対あり得ません。心の底から感謝を込めて。

（はらだ・きょうすけ）

引き継がれていくもの

東　富子

私が十九歳のとき、青年会に来てみないかと誘われたのが最初の出会いでした。青年会に参加するうちに、高校生会のヘルパーをしてみないかと言われ、断る理由もなかったので、二十一歳から二十四歳で結婚するまで、私は高校生と祈ったり、巡礼に行ったり、食事を共にしたり、歌を歌ったり、本当に高校生会の活動を満喫しました。

それから三十七年後、当時の高校生から、望洋庵庵主の溝部司教から今の青年たちに声をかけて、大分で教区青年会をつくってみないかと言われたと相談されました。当時青年の担当だった司祭に相談し、昔のメンバーに声をかけ、参加できる人たちでどうすればいいか話し合いを重ね、二〇一四年九月に青年キャンプを企画しました。祈りとミサ、そして老いも若きも一緒に作った食事を食べ、若いときの自分たちを思い出させてもらいました。いちばん驚いたのは、参加した青年たち全員が「これを機に、青年会を始めようと思います！」と言ったことでした。まさかそんな言葉を直接青年たちから聞けるとは思ってもいなかったので、ただただびっくりし、涙してしまいました。

そこから五年間、望洋庵主催の「大分教区青年黙想会」のサポートを行ったり、毎月第二日曜日の青年会主催の召命ミサに参加し、その後皆で食事をしています。また、ミサの司式司祭にご自身の召命のきっかけ等を話していただいたり、シスター方や、既婚者のお話を伺ったり、青年たちは月に一度の青年会や、小教区へ出向いて活動の紹介などもしています。

四十七年前、主が溝部神父をとおして私たちに伝えてくださった多くのことを、今私たちが次世代の若者へ伝えていく。これといって派手なことをするのではなく、若者と共に時間を過ごし、時間をかけてお互いを理解し合うことができればと思っています。

私は四十六年前に夫と青年会で出会い、溝部神父の司式で結婚しました。昨年、嬉しい報告がありました。二〇一四年の青年キャンプで出会った二人が、今年結婚することになったと。

「それはよかった。ミサをして皆で食事をしよう！」

溝部司教のそんな声が聞こえてきそうです。

（ひがし・とみこ）

居心地のいい、心の拠りどころ

平田由美子

一九七七年四月、大分県立芸術文化短期大学でイタリア語の講師をしていた溝部神父と出会いました。「これを覚えてみませんか」と優しく笑顔で問われると、思わず「はい、わかりました」と頷いてしまうとても魅力のある先生でした。週に一度の授業が楽しみで、一番前の席で受講したのを覚えています。後日、「由美子さんは一番前の席で、目を開けて眠っていた」と言われたときには、笑ってしまいました。

高校時代にイタリア歌曲を学び、一度はイタリアを訪問したいという夢をもっていた私は、大分教会の溝部神父のところに遊びに行くようになり、そこでイタリアの話を聞くたびに、思いが募りました。結局、私のイタリア訪問はいまだ実現していませんが。

大分教会での思い出もたくさんあります。多感で悩み多き学生時代、気がつくと溝部神父を訪ねていました。何を相談するわけでもなく、近くにいるだけで心が和んだり、自然に涙が出たり。私にとって、とても居心地のいい、心の拠りどころでした。今思うと、不遠慮で図々しく、危なっかしい学生だとあきれていたかもしれません。「由美子さんは、紫陽花のような人だなあ。

見るたびに変わっている」と言われたのを懐かしく思い出します。

また、大分教会では、溝部神父をとおして、多くの信者の方や学生さんと出会いました。そこで、錬成会、キャンプ、スプリングコンサート、クリスマス会など、さまざまな体験をさせていただきました。なかでも、赤提灯で語り合ったことは良き思い出です。

これらの体験は、その後の私の人生に大きな影響を与えてくれました。私は卒業後、地元の宮崎に戻り、中学校の音楽教師として勤めました。成長期の多感な生徒と接する多くの場面で、溝部神父の教えが頭に浮かび、あの大分での体験がどれほど貴重なものだったのかを痛感させられました。よく生徒たちに、「私の恩師」として、溝部神父のことを語ったりもしました。おかげさまで、三十九年間の教職を無事に終えることができました。

溝部神父はよく旅先からお便りをくださいました。なかでも、私が弟を亡くして深く落ち込んでいるときにいただいたお手紙には、心の氷がゆっくりと解かされ、癒されていくのを感じ、立ち直ることができました。今でも「由美子さん、どうしてる？」とお便りが届きそうな気がします。


（ひらた・ゆみこ）

祈りの中での会話

平林美穂子

天国ではお忙しい日々をお過ごしでしょうか。それともほっこり、暖かい天国の温泉につかっておられるのでしょうか。

私が初めて溝部神父と会ったのは高校一年生のとき、大分県の高校生に向けて「高校生会をつくるので集まろう」という呼びかけを受けて伺ったのが最初でした。それからもう五十年が過ぎましたが、あのとき、目隠し鬼をした際に、鬼だった溝部神父に捕まったことを今でも鮮明に覚えています。まさに司祭に捕まった幸いな羊でした。その後、海外からもたびたびお葉書をいただき、短い一言の中に思いを込めた言葉が今でも心の中に残っています。「あなたは単細胞だからね」といつも茶化されていたこと、今こうして「やあ、こんにちは」の写真とお話ししていてもふっと笑ってしまいます。

祈りの中での会話でも、多くのことを教えてくださいました。

「成長してきたね。頑張っているね」

「物事は大きく変わっていくよ。難しいけどやってみる価値がある。あなた自身大きく変化するだろうね。苦しくても喜びの生活が始まるよ。この喜びは誰も奪えないもの。神とあなたの友情の始まりだね。天国から応援しているよ」

「お疲れ様。親は大変だね。悩みは尽きないね。でも神はあなたの小さな良い点を見つけて、誉めて、認めてくれるでしょう？　そのときの喜びや、やる気が出たときのことを思い出しなさい。どうすればやる気にさせるか、あなたがいちばん知っているでしょう。それをすれば良いよ。あなたがまず神の愛の中で、安らぎ、力をいただきなさい」

「イエスだけを見つめてごらん。自分が立派じゃなくてもいいんだよ。相手がどう感じるかなんて、風に吹かれる木の葉を心配しているようなものでしょう。真理を伝えるために必要なのは、まずは自分が信じること。そして『神さま、働いてください』と心から祈ること。きっと相手にも深く深く沁みてゆく。耕して種を蒔きなさい」

　溝部司教が天国に住まいを移されて四年。私にとってはこちらにいらしたときよりも、ずっと近い存在となり、教えをいただけているように感じます。いつも私の机の上で微笑む溝部司教は「よく来たね」と温かい眼差しで迎えてくださいます。


（ひらばやし・みほこ）

みぞ神！　あなたに出会えてよかった!!

二村ひろみ

いろんなことを一緒にたくさんしました。高校生会、青年会、すくすく会、錬成会、ミサ、分かち合い、食事もお酒も……。そんな集まりの中に、いつも溝部神父はいました。まるで家族のように。私たちの間では〝みぞ神〟と呼ばれていました。親しみと尊敬を込めて。

必要とされる、自分の居場所がある、喜びを感じる、受け止めてもらえる。そんな空間がありました。多くのことを学び、いろんな体験をし、自立した若者を育てようとしていた溝部神父。一人ひとりが、キラキラと輝いていたときを共に過ごせたことが、私には宝物です。多くの若者がきっと、溝部神父とそんな時間を過ごしたのではないでしょうか。

私は熱心な信者ではないけれど、溝部神父からいただいた信仰の灯を消さないように、大切にしてゆきたいと思っています。

——あなたの足元に咲く小さな花でいたい——

（ふたむら・ひろみ）

共に歩んだ日々

増田雄弘

溝部脩師との時間は一九五一年の夏休みに始まり、二〇一六年二月、京都大学病院にお見舞いに行ったときまで、途中ブランクはあったものの実に六十五年に及ぶ。

当時小神学生だった師が休暇で帰別されると子どもたちと一緒に遊んだ思い出。叙階後、一九六七年に大分教会の助任で来られ、高校生を中心に若者の指導と「豊後キリシタン史」を研究執筆されたこと。その後、お会いする機会がなかったが、二〇〇〇年に仙台司教になられ、別府教会の歓送祝賀会に妻と参加。四年後の二〇〇四年、高松教区司教の着座式にも妻と喜びの参列をした。

同年十月にメキシコ・グァダラハラで、溝部司教を団長とした「第四十八回国際聖体大会」公式巡礼団に参加し、十日余りを共に過ごした。毎日のミサ・説教・祈りとカテケージス、溝部司教の楽しい貴重な経験談等、充実した日々だった。この年、四十五年間のサラリーマン生活を終えた私に、「自分探しの旅ですね」と言われた溝部司教の言葉が心に残っている。巡礼中ずっとこれからの人生について考え、思い巡らすこととなり、祈る・聖書に親しむ・福音宣教等自分のやるべきことがボンヤリと見えてきた。帰国後早速「ホームレス支援活動」に参加し、翌春から「聖書百週間」にも取り組んだ。これらは巡礼中の司教のさりげないアドバイスのお陰だと感謝している。

二〇一一年高松教区司教を退任され、高知の小教区で司牧活動のかたわら「望洋庵」の構想、ネーミング等準備されたのではなかろうか。そのころ大分にたびたび帰って来られ、多くの人に寄り添われた。

二〇一二年六月に京都・西陣教会敷地内に「望洋庵」がスタート。主に若者の人生・召命の識別を援助、指導を目指された。多くの若者がここに集い活況を呈した。当初から支援会メンバー十四名の一人として参加したが、このときの「夕べの集い」において「日々の振り返り」を溝部司教を先頭に参加者全員が行った。聖書に親しむこと、日々振り返ること等、望洋庵支援会での経験は私のその後に生きている。

また、溝部司教の帰天後、望洋庵に活況は続いており、司教が目指しておられた「青少年の育成」という使命は引き継がれている。

（ますだ・ゆうこう）

溝部司教を偲んで

松永久美

生まれ育った家の古い書棚の奥にしまってあった一九八八年十月発行の手作り文集。そこに当時二十二歳の私はこう記していました。「アシジからローマへ向かう途中、休憩でバスを降り、石段に腰をおろしていたとき、溝部神父様がぼそっとこう言われた。『この巡礼の旅の文集を作ってみない？』」

溝部神父の言葉のかけ方はいつもスマートでした。高校二年になって間もないころ、誰と話すこともなく古城教会からそそくさと帰ろうとしていた私に、さりげなく言われた最初の言葉は「よかったら来ない？高校生会やってるんだけど」でした。押しつけがましくなく穏やかに、十代の私の意思を尊重する眼差しでまっすぐ声をかけてくれる大人としての溝部神父の姿が妙に新鮮でした。

断る自由があったにもかかわらず、私は溝部神父の誘いに乗ってあちこちへ出かけていきました。高校生会「心の広場」、リーダー研修合宿、錬成会、ハイキング、キャンプ、児童養護施設ドン・ボスコ学園での公教要理、キリシタン史跡巡り、ドン・ボスコ帰天百年記念イタリア巡礼、ドン・ボスコ海外青年ボランティアグループでのフィリピンネグロス島滞在ボランティア……。

十代半ばから社会人になろうとする多感な時期、溝部神父と共に旅をし、あらゆる国籍、世代、さまざまな経歴などのボーダーを越えて素晴らしい方々と出会い、心で接し語り合うことの素晴らしさをたっぷり味わいました。そのことがどれだけ豊かで得難く稀有な経験であったかということに気づいたのは、随分時間がたってからのことです。思い返してみると溝部神父が中津から東京に赴任される前、「もし久美から見て私が他の大人と違うのだとすれば、それはいろんな世界を見てきたっていうことかな。うん、少しは違うところがあったんじゃないかな」と言われたことがありました。

二〇一六年春、帰天後、訪ねたお部屋にはキリシタン殉教について執筆された校正原稿がどっさりと残されていました。いつも楽しげにお酒をたしなみ、笑いながら若者たちと多くの時間を費やされていた溝部神父が、重く壮絶なキリシタン殉教史の研究執筆活動を並行して行っておられたという事実。「どうしてこんなことができたのか」と愕然としましたが、数年が過ぎ、ふと溝部神父の思いが頭に浮かんできたのです。歴史学者として、殉教していったキリスト者のさまざまな生き様を身近に感じていたからこそ、目の前にいる若者たちとの時間を生そのものと感じていた溝部神父にとって、若者たちは美しい希望であり、何にも代えられない価値あるものだったのだと。

私は溝部神父のような大人になりたくて、迷うことなく教職の道を選びました。今、教室では小学一年生の担任として、週末には学習会で若い教員仲間と子どもたちへの寄り添い方を学び、保護者の方とは子育てについて語り合っています。山あり谷あり、ここまでのすべての人とのかかわりの中に、溝部師からいただいた教えが息づいている、近年そのことを強く感じるようになりました。

（まつなが・くみ）

溝部神父との時間の合間に大学生をやっていた

松本幸雄

四十五年ほど前、私が大分教会に来て一年半くらいのときでした。大学に入るために熊本からやって来てようやく慣れたころ、大学二年生になったときに司教館で当時の大分教区の平山孝明司教との話の中で、教区に青少年司牧のため新しくサレジオ会の神父がこられると聞きました。事前の情報では別府教会出身で、ローマで勉強されてきた博学の三十歳代の若い神父、とのことでした。夏休みの前と記憶していますが着任との連絡があり、司祭館に会いに行きました。抱いていたイメージとは違い、初対面では見た目は普通のおじさんという感じでしたが、優しい笑顔と少し馴れ馴れしい仕草が魅力的な神父でした。

それからは、溝部神父と青年や高校生との出会いを求めて大分教区の教会を回りました。また、高校生がいる信者さんの自宅に夜間に訪問し（当時高校生は部活や塾で平日の夜でないと会えず）じっくり話し合い、お互いの信頼を育み、高校生の輪を広げていきました。私は年齢的に高校生に近いために同行していたと思います。

大分の教会以外でも、宮崎での大分教区錬成会、南紀白浜や福岡の高宮教会での高校生の錬成会等、溝部神父と二年半、一緒に過ごしました。夏に山中湖の錬成会に行ったときは、大阪までフェリーで行き、溝部神父の運転する満員状態の車で東名高速道路を走行中、御殿場の坂で車が壊れ、高速バスに乗換えて山中湖に到着。復路はエンジンを交換して復活した車でなんとか無事帰ったということもありました。今考えるとあの車で無謀ともいえる冒険でした。

溝部神父は無謀ともいえることを神に委ねて着実に前進していった方で、その信仰と勇気が若者を引っ張っていったのだと思います。私は溝部神父との時間の合間に大学生をしていたようなものでした。でも、溝部神父と回った各教会での出会いは、何も知らない大学生の私には新鮮で多くの感動を与えてくれました。そして、溝部神父の強い信仰と、種を撒き育てることの重要性は私の人生の大きな指針となりました。

溝部師が京都で最後の入院されたとき、お見舞いに行き、「やあ、ありがとう」との声を聞けたのは、溝部師との最後で、最良の思い出でした。

（まつもと・ゆきお）

聖ヨゼフ寮の「タコ焼き」

柳迫 久

一九七九年の春、中津ドン・ボスコ学園中学校に校長としてやってきた溝部神父、ドン・ボスコ学園の子どもたちが早速つけたニックネームは〝みぞ神〟でした。

その翌年、寒い十一月の水曜日、夜の十一時ごろのことです。カーテンのない窓ガラスを叩く音が部屋に響くと、みぞ神の笑顔が窓越しに映ってました。滑りの悪い大きなガラス戸を開け、寒い中を立っているみぞ神を自習室に迎え入れるのでした。当時、ドン・ボスコ学園に併設された養護施設、聖ヨゼフ寮には、小・中・高校生合わせ八十人くらいの男子が神父たちとともに生活していました。集団生活なので規則があり、就寝時間が中学生以下は二十一時、高校生は特別に十二時までとなっていました。そんなとき、大分大学から帰って来るみぞ神が手土産で持ってきた差し入れが「タコ焼き」でした。

アツアツのタコ焼きは最高で、当時この時間を活用してみぞ神が立上げた高校生会「心の広場」について、よく相談をしていました。中津の南山という焼肉屋の駐車場の出店で「タコ焼き」を買ってきたというみぞ神は、たくさんタコ焼きを買うため、変なおっさんと思われていたそうです。ドン・ボスコ学園の校長で、勉強している高校生に夜食を買っているのだと説明したところ、店長さんも協力して多めにくれるようになったということでした。みぞ神を囲んで美味しくタコ焼きを食べているときに、見回りに来た寮長の神父が廊下側の窓からそ〜っ見ている気配に気づいて、緊張が走ったこともありました。

私は、幼少のころから家庭の温かさと父親の存在に憧れを抱いていました。そのため、みぞ神の暖かさが父親像と重なって見えたものでした。みぞ神はいつも「小さなことでいいからやってみよう！」と言っていました。そして失敗しても笑いながら、「君は大丈夫だから」と励ましてくれた言葉にどれだけ勇気をもらったかわかりません。成功すると、小さなお祝いとしてキャンドルサービスと茶話会を開いてくれたりして、よかったことを評価してくれたときは、本当に嬉しく、温かいものを感じたものでした。

みぞ神は若者とともに考え、共に動くことに徹しており、サレジオ神学院の院長、そして司教になっても、決して驕り高ぶらず、常にレベルを落としてわかりやすく話し、温かさに飢えている若者の気持ちを敏感に察知する人でした。そのため、普通のおじいちゃんに見えても、いざ話してみると、魅力的で慕わずにいられない存在になっているのです。そんなみぞ神の魅力に引き込まれた私は、「タコ焼き」でみぞ神の虜になった一人だと思っています。

（やなぎさこ・ひさし）

伝えたいもの

吉田　繁

「ご恩おくり」という言葉があります。受けた恩を直接その人に返すことができないときに、他の人にその恩を返していく、ということだそうです。溝部師のことを考えたときに、まずこの言葉を思い出しました。

溝部師にはさまざまな面で大変お世話になりました。特に精神的な面で大きな存在でした。たびたび会って話をするわけではないのに、会って話をすると「ああ、気にかけてもらっていたんだな」と気づく、なんとも不思議な方でした。でも、そうした恩を返す前に神のもとに突然帰っていかれました。私にとっては本当に突然という感じでした。宮崎教会の建設が完了して、さあお世話になった溝部師を迎えて話でもしてもらおうと思っていた矢先でした。心残りといえば、大きな心残りです。ぜひ、宮崎教会の歴史を信徒の皆さんに話していただきたかった。

溝部師は、独特のカリスマをもっていました。それほど目立つわけでもなく、力強い話をするわけでもない。でもいつの間にか心の中に入り込んできて、大きな存在になってしまっている。長く会えずに久しぶりに会っても、あたかも昨日会ったばかりのように「やあ、こんにちは」と親しく近づいてくれる方でした。

「待っている教会ではなく、出向いていく教会をつくるように」と教皇フランシスコは言われます。まさに溝部師の生き方そのものでした。いつも出かけていき、若い人たち（昔の若い人も含めて）を訪ね歩いて、何気なく悩みを聞き、去っていく。風（聖霊）のような方でした。

今、溝部師に受けた恩を直接返すことはできません。どうやって返そうかと思うと気が遠くなるような感じですが、溝部司教の生き方を自分の模範としながら、その生き方を後世に伝えることによって、返していかなければと思います。もちろん同じように生きることはできません。やはりあの生き方は溝部師でなければできない生き方です。その生き方の中にあったものを見つめていく必要があります。常に人々、特に若い人たちをキリストと結びつける、キリストとの結びつきの中で力を得て生きていくことができるように導いていく。溝部師の生き方の中心にあったのはこの精神です。これこそ私たちキリスト者が模範とすべき生き方であり、少なからず溝部師に薫陶を受けた者は、これを目指していく義務を負っているように思います。

学生のときに出会い、以来四十年近くかかわってくださった溝部師に心より感謝。これからも神のもとから私たちを導いてくださるように祈ります。天国でもまだまだ休めないようですね。私をはじめ、心配な人たちがたくさん残っているでしょうから……。

（よしだ・しげる）

第二章

調布サレジオ神学院院長、管区長、DBVG時代

ないところから形あるものをつくるということ

阿部一雅

調布教会のサレジオユースセンターで中学生会をつくることになって、私は溝部神父に会いました。私がふざけ半分で最敬礼で挨拶すると、笑って同じようにしてくれたことを覚えています。男子小学生対象の日曜学校に通っていた数人が集まって、中学生会が始まりました。中学生会は、のんびりしたものでした。午前中に集まり、お菓子を食べて、子ども用ミサのための演奏練習をして、それが終われば帰るだけ。演奏ができるようになったら、朝に集まって子ども用ミサで演奏するのが加わるだけでした。少し仲間が増えると、修道院に泊まりがけで演奏練習をしたり、徹夜で二十キロほど歩くといったイベントもありました。

私たちが高校生になると、そのまままち上がりで高校生会が生まれ、女子生徒も加わるようになりました。受験があるなどしたため、私の活動参加は短かったはずですが、中学生会以来増えた仲間と、変わらずのんびり過ごしました。今思い返してみても、溝部神父がつくった中学生・高校生会は、本当にのんびりしていて、特別なことがなければただゲームをしておやつを食べて終わり、ということもありました。溝部神父は、私たちがバラバラで何もしない、何もできないまま日々を過ごすことのないように、集まって何かをするきっかけになる場を与えてくれたのでしょう。そして何かあると私たちにアイデアを求め、どこまでが実際にできそうかを考えさせました。そうすることで、私たちに「ないところから何かをつくる」「自分で考えて、決めて、実行するための責任と忍耐を自覚する」ことを教えたかったのだと思います。

こういったことは、大学生になっても続きました。再び溝部神父に呼ばれて、下井草教会に行き、中学生会時代の仲間やサレジオ高専生なども加わって、ドン・ボスコ海外青年ボランティアグループ（DBVG）の立ち上げと発起人としての活動にかかわることになりました。大人になっていくのに合わせるかのように、組織の規模が大きくなっていくなかで、できること、すべきこと、目的やビジョンについて、遅くまで考え、話し合ったことを覚えています。

中生から大学生まで、溝部神父は一貫して、ないところから形あるものをつくるということを教えてくれました。そのときに感じる、ワクワクした期待、この先に何があるんだろうという興味や不安、実現までの気持ちと身体両方でのドタバタとした感覚、そして結果が出たときの充実感や反省や、次があればもっと良くしたいと思う気持ち、物事に積極的にかかわることをとおして前向きに考える自信をつけたこと……。これらの一つひとつがその後、今までの私の中で活かされています。

（あべ・かずまさ）

人を巻き込む力

高橋愛子

調布教会の中学生、高校生会で大変お世話になり、たくさんのことを教えていただきました。溝部神父の話はいつも、自分で考え続けていくためのヒントやメッセージが込められていたように思います。高校生会の延長で、ドン・ボスコ海外青年ボランティアグループ（DBVG）の立ち上げにもかかわりました。何もないところからのスタートでしたので、いろいろと時間をかけて話し合うなかで、いつも私たちの意見に耳を傾けてくださいました。当時大学院生で、国際協力に興味があった私は、生意気にいろいろなことを申し上げたと思うのですが、そんな私のことも〝一人前に〟扱ってくれました。NGO事業として外務省から補助を受けたほうがよいのではと提案したところ、聞き入れていただき、手続きのために外務省に同行したり、書類の作成を手伝ったり……。

その後、DBVGの活動が順調に続けられていることを聞き、溝部神父の、人を巻き込んで（若者たちをその気にさせて！）何かを実現してしまう大きな力を感じるとともに、立ち上げにかかわったことをとても光栄に思いました。

私自身にとっても、そのときの経験は、その後進んだ道に大きな影響を与えました。外務省には、いろいろとご縁があることになるのですが、思い返せば、最初に訪れたのは溝部師と一緒だったと思います。あのころ溝部神父と共に活動できたことを感謝し、教えていただいたことを思い出し、そして、若者の力を信じることの大切さを思い起こし、今後に活かしていきたいと思っています。

（たかはし・あいこ）

ＤＢＶＧ（ドン・ボスコ海外青年ボランティアグループ）での出会いから

田村　寛

一九九三年のことでした。もちろん初対面というわけではなく、サレジオ会管区長として会う機会はありました。しかし、個人的にはそれほど接する時間はなかった溝部師は、サレジオ会員になったばかりの私をＤＢＶＧの活動に呼んでくださり、そこで一緒に食べたり飲んだりしながら、和気あいあいとした雰囲気の中でさまざまなことを語らいました。私にとってそれまで管区長というのは遠い存在でしたが、溝部師との時間の中で、サレジオ会員の大事な土台を直に教えていただいたように今さらながら思います。

その後、一九九五年から実地課程という期間において中津の児童養護施設でサレジオ会の現場を経験することになりましたが、初めての体験ばかりでとにかく必死に子どもたちと向き合っていました。そんなときに溝部管区長は私の話にじっくりと耳を傾けたあと、腰を据えて子どもたちとかかわることの大切さを話されました。現在、私は東京で児童養護施設の子どもたちと毎日出会ってさまざまなことに振り回されているような状態ですが、それでもなんとかやっていけるのは、この最初の中津での体験があるからだと実感しています。

二〇〇三年に私は長い養成期間を経て司祭に叙階されました。そのときには仙台教区の司教となっていた溝部師は「初ミサに来てくれないかな」と声をかけてくれました。私にとって東北は縁のない場所でしたので、参加者の人数の見当もつかなかったのですが、ミサ、そして食事を共にするというといういつもの〝溝部スタイル〟で、私の初ミサに多くの青年たちを集めていました。そして食事が終わった後、遠方から来ていた青年を溝部司教が自ら運転して送っていたことや、彼らと携帯メールのやり取りをしていたことに驚きを覚えたことを思い出します。

もう一つ印象に残っているのが帰天される数年前、私が中津の児童養護施設の施設長となり、悩んでいたときのことです。山中湖で会員の黙想会があり、溝部師は指導司祭でした。黙想会では昼食後に休憩時間があって私は毎日散歩していましたが、ある日、湖畔のベンチに腰掛けている溝部師を見かけました。すると、おもむろにワインの小瓶とパンを取り出して「一緒に飲もうか」と声をかけられました。私は自然と今の自分の悩みを話しており、ひととおり聞かれたあと、「私にできることがあれば、いつでも声をかけてください」と言ってくださいました。

こうしていくつかの思い出を形にすると、いつでも自然体で人々に寄り添う溝部師の姿が浮かび上がります。私もその生き方に少しでも近づけたらと思っています。


（たむら・ひろし）

「愚かでありなさい」

野村武史

今から数えて三十五年くらい前、調布教会の中学生会で出会い、大学生になってＤＢＶＧ発足時に誘っていただき、初代メンバーになりました。と言っても、実は恥ずかしながら個人的には初代メンバーとして、それほど頑張った記憶がありません。

印象に残っているのは、溝部師に司式をお願いした私の結婚式のミサで、福音書の朗読の後、結婚生活を始める私に向けて贈ってくださった言葉が「愚かでありなさい」だったことです。晴れの舞台でのそんなメッセージにびっくりしました。しかし、二人で生活を続けていくうえでは相手よりうまく立ち回って自分だけ楽しようということを考えず、自分が損な役回りを負うくらいじゃないといけないとのこと。愚直に生きるほうがなんとなく自分らしいようにも思え、私をよく知ったうえでの言葉だったんだなと思い、新しい生活を始めるにあたっての覚悟ができた気がしました。

その後、溝部師は京都に移り、望洋庵を立ち上げられました。何年かぶりに会いに行って、二人で夜に飲んだとき、私が結婚式に贈っていただいた言葉を大切に覚えていますとお話ししたら、そんなこと言ったっけ？　と本当に忘れていたようでした。中学生から会っていながら、実は面と向かってあまり信仰の話をしたことがないなと気がつき、自分もいい大人になったんだからそんな話もしてみたいと思っていました。二軒目に移り、お互い酔いも十分にまわったころ、信仰を続けていくうえでいちばん大切だと思っていることはなんですか、と初めて聞いてみました。溝部師はあまり押しつけがましことは言いたくないが……と前置きされて、イエスを生活の中心に置くことだとおっしゃいました。無理やり口を割らせたような感じだったのに、随分と確信をもった思いが感じられ、とても大切なことを聞いたのだと改めて思いました。

妻がなんと言うかはわかりませんが、私としては愚かであれという言葉はそれなりにはできているのではと思っております。それに比べてイエスを生活の中心に置くというのは、何かと忙殺される日々に明け暮れる有様で、甘い私の採点をもってしてもまるで不合格と言わざるを得ません。せっかくいただいた言葉を無駄にしないよう、少しずつ頑張っていきたいと思います。

（のむら・たけし）

私たちは与えられている

坂東ルツ子

「分かち合いをしよう！」

一日の活動の終わりは、決まっていつもこの言葉でした。不思議とその時間が当たり前のように用意されていて、自然な流れの中で静かに始まります。その場に集まった一人ひとりの思いや、考えを聞き合って心をシェアする、溝部神父のお決まりのパターンです。一人ひとりの話に熱心に耳と心を傾けて聞く、その姿勢はドン・ボスコと重なりました。いつしか私も〝人と分かち合う〟ということが自然になり、自分とは異なる考えでも、相手の意見を尊重するということが身についたように思います。

溝部神父との出会いは……そう改めて言われてみると、いつなのだろう、ひょっとすると母の胎内にいるときからだったのかも、と思ってしまいます。物心ついたころには、そこにいたからです。特に親しくかかわったのは、私が中学から高校生のとき、高校生の集まり「アネモス会」（ラテン語で「風」溝部神父が命名）に参加するようになってからです。

アネモス会の原点でもある福島サマーキャンプは、参加した人たちにとって一生忘れることがないだろう実りある活動でした。福島のプロテスタントの教会、喜多方教会、川桁教会、会津若松教会などで地元の子どもたちと「子ども会」をするというもので、夏だけ行われるこの小さなイベントは、毎年のように福島の子どもたちが楽しみに待っていてくれました。キラキラと愛くるしい眼差し、好奇心旺盛で屈託のない笑顔が今でも忘れられません。この「子ども会」はアネモス会の一つの使命とも感じていました。

そしてもう一つの体験はプロテスタントの教会に身を寄せ、牧師先生の話を聞き、礼拝に与るというものでした。プロテスタント、カトリックという形にとらわれることなく、それぞれの精神、信仰を尊重していた溝部神父は「このキャンプをとおして私たちは〝与えている〟ことよりも〝与えられている〟ということを知りなさい」と毎回言われました。

溝部神父のもとにはいつもたくさんの若者が集い、聖書の言葉に心を傾けていました。どんなに時代が流れても、今も溝部神父は人が交わるところにいらして、一人ひとりの若者の心に声をかけていらっしゃるのです。

「さあ！ 分かち合いをしよう!!」

（ばんどう・るつこ）

溝部師との思い出

村松泰隆

その日、晩の祈りを終えたあと、私たち中学志願生がグラウンドでサッカーに興じていた。グラウンド脇に立ち並ぶ部室のほうにふと目をやると、その前を「てけてけ」と行ったり来たりする人の姿が水銀灯の明かりに照らされて見えた。特に気をとめず、むしろ巻き返しを狙うべくサッカーに集中した。スポーツの時間が終わり、着替えてホールに集合すると、本来自習時間となるところ、今日は「特別講話」があるとのこと。それを受けるべく二階の部屋に行くと、背格好からして先ほど部室前を「てけてけ」と歩いていた人と思しき人が待っていた。

何を話そうかと少し困ったような顔をされつつ自己紹介された。大分県にある中津ドン・ボスコ学園から来られた溝部神父だった。中学二年生の私は、広い敷地に大勢の中高生の男の子たちが過ごしているというドン・ボスコ学園というところを想像していた。このとき、あと二十八年後に、私がそこで子どもたちと一緒に生活することになるなど知る由もなく……。「こんなんでいいかな」と溝部神父は話を締めくくられたが、最初のドン・ボスコ学園の紹介話しか頭に残っておらず、師が伝えようとされた話は中二の私にはまだ難しかったのか、記憶にない。これが溝部師との最初の思い出である。

川崎サレジオ志願院を巣立って、いよいよ調布サレジオ神学院に進級した。そこで院長をされていたのがあの溝部師であった。このころ、神学院は全盛期で、養成にあたる司祭会員、修道士会員をはじめ、大学生志願者、修練者、哲学生、神学生が大勢おり、まさに大家族であった。そのなかで溝部師は「我らのおやじ」であった。

大学志願期の二年目の後半は修練準備期となり、このとき私たちは、溝部師から黙想の仕方の指導を受けた。師は、黙想の材料として、聖書ではなく、八木重吉詩集を使って指導をされた。「みことば」は何も聖書の中だけにあるのではなく、日常の中に、ごく普通の生活の中にあることに気づかせよう、見つけさせようとされていたのではないかと私は思っている。いまだにあのときに師と一緒に読んで黙想した詩の一つが記憶に残っている。

「もじゃもじゃの犬が　桃子のうんこを　くってしまった」

今私は、かつて師が五年間（一九七九〜一九八四）院長をされていた中津支部に配属され、八年目を迎えている。二期更新し、さらに再任され院長を務めているが、その職務の一つに「クロナカ」（支部日誌）を記録するというものがある。今回この記事を認めるにあたって、師が残したものもあるに違いないと気づいて探してみた。ちゃんとあった。短いがこまめに丁寧に、ほぼ毎日五年間の記録が残されていた。もしかしてと思い、冒頭に紹介したエピソード、川崎サレジオ志願院の訪問のことが記録されていないか、ひととおりクロナカに目をとおしてみたが、残念ながらその記録はノートに記されていなかった。師が記していたクロナカの最後の言葉を紹介して私の拙い思い出話を締めくくろうと思う。

「P.S. いよいよ明日、中津を去る。恵み多い、そして困難な日々だった。それだけに素晴らしい年月だった。神様はこのサレジオ会事業を祝福してくれることを期待している。そして何よりもこの五年間の院長職をまがりなりにも終えることができたことを感謝する」

（むらまつ・やすたか）

さりげない言葉

濱口秀昭

日向学院の海の家で行われた大分教区の少年の集いのときでした。その集いにヘルパーとして参加した高校生の私は、砂浜で子どもたちと遊んでいました。そのときに四十代だった溝部神父に「幅跳び、すごいね」と言われたのを覚えています。

それから数年後、教区司祭の道を断念したのち路頭に迷っていた私が、三週間ほど大分にいたとき、数名のサレジオ会員から声をかけられました。そのなかの一人が溝部神父であり、「幅跳び、すごかったね」とさりげなく声をかけられました。実に不思議だったとしか言えないのですが、まったく考えもしなかったことが生じました。そうです、その二カ月後に私は、サレジオ会の志願者として東京調布にある志願院に入ったのでした。

それから五年後、溝部神父は調布サレジオ神学院の院長になりました。こうして私は、溝部院長のもとに、共に過ごすことになったのです。当時、神学院内にあったサレジオユースセンターの活動は大変盛んでした。小学生の登録者数は三百人を超え、中学生を合わせると四百人、毎週末には大勢の子どもたちが集まって、司祭・修道士を目指す若いサレジオ会員たちと共に楽しく過ごしていました。また、子どもたちの活動には保護者の協力が欠かせませんでした。そのために、お父さま方は野球やサッカーの監督・コーチとして協力してくださり、お母さま方は母の会を組織して、ユースの活動を滞りなく支えてくださいました。

夏には五・六年生の子どもたちが信州野尻湖の山荘でキャンプを楽しみました。湖で泳いだり、ボートに乗ったり、登山をしたり、夜には演芸会をしたり、星空を眺めたりしました。子どもたちから先生と呼ばれていた私たちは、準備から実施、反省会に至るまで必死で頑張りました。それ以上にお母さま方は、ときに百人ほどの口を養わなければならなかったのですから、大変なご苦労だったと思います。特に登山日の前夜は徹夜して弁当を作ってくれました。こうした状況にあって、溝部院長は、いつも私たちと共に、またご家族、子どもたちと共にいてくれました。

同じ夏、こうした活動を終えてから、溝部院長は三人の神学生を連れて四国松山へ向かいました。高松教区の教会学校教師の会の研修会に招かれたのでした。そこでは、ユースセンターで行っているカテケージスや体験学習などを中心に発表しました。

その翌年から私は実地課程に入りましたので二年間は神学院を離れましたが、二年後には神学院に戻りました。もちろん、院長は溝部神父でした。相変わらずユースセンターの活動は盛んでした。それに神学生の活動も増えていました。週に二晩は二トントラックを使って廃品回収に回りました。回収先には、ユースセンターの保護者の方が集めた段ボール箱などがあり、ときに励ましの言葉とともに美味しいものまでいただいて帰ったものでした。その廃品回収をとおして、フィリピンの貧しい子どもたちが学校に通うのを支えていたのでした。このように溝部院長は、他の国の貧しい子どもたちのことも心にかけていました。

神学院に戻った翌年、私は川崎志願院を手伝うために、再び神学院を離れましたが、戻っても院長は溝部神父でした。神学院生活最後の年、おそらく溝部院長の考えが反映されたのだと思いますが、春に助祭に叙階された私はユースセンター等の活動から解放されました。ゆっくり祈ったり考えたりするために時間をくださったのでしょう。したがって、その夏は自由でした。本当の貧しさの体験をと思った私は、フィリピンのトンド地区に一カ月間滞在することを願いました。院長はすぐに快諾し、夏休みに送り出してくれました。

その翌月の九月に、私はほかの仲間とともに司祭に叙階されましたが、溝部院長は我が子のように喜んでくれました。それから二カ月後、溝部院長は管区長に任命されました。こうして私が神学院を後にする春には、溝部管区長によって人事が発令され、派遣先に赴いたのでした。

それから十四年後、再び同じ屋根の下で、しかも高松教区の司教館で一緒に過ごすことになろうとは誰が予想できたでしょうか。二〇〇〇年から仙台教区長だった溝部司教は、二〇〇四年に教皇ヨハネ・パウロ二世から高松教区長に任命されました。七月には高松で溝部司教の高松教区長となる着座式が行われました。四年前の司教叙階式には仙台まで喜んで駆けつけた私でしたが、高松の着座式には出席しませんでした。ところが、その二カ月後、溝部司教から一通の手紙が届きました。そこには、「高松に来て助けてほしい」と書かれていました。

高松の溝部司教を訪ね、状況を知った私は管区長に相談し、あなたが希望するならば……との言葉を受けて、翌年四月から四年間、高松司教館で溝部司教と共に過ごすことになったのです。教区・修道会・修道女会の枠を超えて集まった仲間が、溝部司教と共に教区の課題に取り組むなかで、喜びも哀しみも苦労も共に味わいました。教区財務係りだった私は、「お金が足りないので出稼ぎに行ってください」と溝部司教によく言ったものでした。お陰で、毎年なんとか乗り越えました。

さりげなく一緒にいて、さりげなく一言添えて、さりげなく支えて、さりげなく導かれたサレジアン、それが私にとっての溝部司教でした。

（はまぐち・ひであき）

若者と共に居続け、いつも若者のことを考えていた

濵﨑　敦

溝部司教の甥・充洋《みつひろ》君と私は幼稚園のころから親しい同級生でした。当時、充洋君のことを「ミジメ」と呼んでいました。中学生のころだったと思います。ミジメやほかの友達と教会のホールで遊んでいると、そこへ溝部神父がやってきました。そのときミジメに「むっちゃ溝部家の顔やな」と言ったことを、三十五年以上たった今でもはっきりと覚えています。それが、溝部師との最初の出会いでした。

その後、私は高校からサレジオ会の志願院に入りました。ある日、調布の神学生たちとスポーツ交流がありました。グラウンドで友達と話をしていた私は、神学生たちと談笑している溝部神父を見つけました。「なんでミジメの叔父さんがここにいるのかな?」と思っていると、溝部神父がこちらに来られて、あの小さな目でニコニコしながら「よっ、元気か?」と声をかけてくださいました。そのとき初めて、溝部神父がサレジオ会の司祭で、神学院の院長であることを知りました。

溝部師は、司教、キリシタン研究者などいくつもの見事な肩書がある「偉い人」です。しかし、

私が最も素晴らしく思うのは、何年たっても十代のころに出会ったままだったことです。神学院院長、管区長、そして司教になられても、その姿勢は変わりませんでした。飾り気がなく自然体で、チョコマカチョコマカ歩き、少し哀愁を感じさせる後ろ姿。会うたびに「おっ、アツシかっ」と声をかけてくださった後の、なんとも言えない少しの沈黙の間がある独特のテンポ。またどんなに忙しくても黙想を大切にされ、右上がりの字でノートに記される祈りの姿。どれもこれも何年たってもどの立場になられても、人を惹きつける魅力、素朴さがもたらす温かな雰囲気は変わらなかったと思います。

誤解を招く表現かもしれませんが、溝部師は若者を理解していたとは思いません。しかし、溝部師ほど若者をいつも理解しようとした人、若者の傍らにいつも寄り添うようになさった人はいないと思います。

若いときに若い人のそばにいることは簡単です。しかし、年を重ねるごとに若者とともにいることは難しくなってきます。それでも師は、若者とともに居続けました。いつも若者のことを考えていました。それが溝部師の生き様でした。すごいことだと思います。そればかりか若者を中心に、いつも老若男女を巻き込んでいかれました。昔からの知人も、今の知人も。そして彼らをとおして新しい知人へとその輪を広げていきました。

溝部師から受けた恵みはたくさんありすぎて、いまだ消化できていません。おそらくそれは、年齢を重ねることによってのみ、少しずつ味わっていけるのだとも思います。それでも今言えることがあるとしたら、私も最後まで若者とともに、若者のためにサレジオ会司祭として自分の召命を、溝部師の何分の一でも全うできればと願うばかりです。

（はまさき・あつし）

ＤＢＶＧ

山田博子

私にとってＤＢＶＧ設立は忘れられない出来事でした。溝部神父が調布サレジオ神学院院長として就任されて間もなくのこと、サレジオユースセンターを卒業した若者たちが、「何かやりたい」と溝部神父のもとに集まってきました。その彼らに「発展途上の国に行ってボランティア活動をしてみないか」と話されたのです。何の技術ももたない自分たちに何ができるのかと不安げな彼らに溝部神父は「現地の若者と一緒に働いて、友情を深めることが大切、そのことをとおして広い視野をもった心を育てていけたら」と話されました。

その後、事務局づくりに参加し、若者をどのようにして集めるか、活動資金をどうするかなどを手探りで始めることになりました。外務省民間援助室に申請すると活動資金をいただけると知って資料を作ったこともありましたが、その審査は大変厳しく、支給されることが決まったときの喜びは言い表すことができないほどでした。後援会も立ち上げ、大勢の協力者も得ました。こうして一九九一年、ＤＢＶＧはスタートしたのです。溝部神父は月一度の若者の例会にも必ず出席され、若者一人ひとりと親しく話し、共に食事をされていました。活動資金調達のためのチャリティー・コンサートを計画したことがありましたが、そのときも「私たち事務局だけではなく若者と共に取り組んでほしい」と言われ、常に若者と一緒が溝部神父の考えでした。

第一回目の活動先は東ティモール。二名の若者が派遣されていきましたが、帰国後の活動報告会では、貴重な体験をとおして一段と逞しくなった若者たちの姿を見て、溝部神父もとても嬉しそうでした。溝部神父は途上国の支援という形をとってはいましたが、それ以上に「日本の将来を担う若者を育てたい」という大きな夢をもってDBVGというグループを設立されたのだと思います。

十二年間溝部師のもとで働きましたが、その間、祈ることの大切さとその力をお教えいただいたこと、特に「若者のために祈ってください」とよく言われていたことが忘れられません。

（やまだ・ひろこ）

溝部司教の言葉　アシステンツァの心

特定の宗教を信じているかどうかを別にして、現代社会において神にすがる、信じる心は大事だと思います。今は自分の力で、自分だけでできるという思い込みが激しい時代です。素直に合掌する心が出てきたらいろんなものが変わると思います。

鎌倉時代に法然や日蓮や親鸞たちは、合掌して念仏を唱え、弥陀の情けにすがって当時の日本を改革しようとしました。信じる心をとおして事は成るという信念こそ、まさに現代に必要なことです。これはドン・ボスコのモットーである「Da mihi animas, caetela tolle」（私に魂を与えよ、他のものは取り去りたまえ）につながる心ですし、ドン・ボスコが強調したアシステンツァと深い関係があります。アシステンツァの基本は、相手の中に神を見るという心です。寄り添いながら、その人の中に神を見つけていく心です。それは自らの謙虚さにつながっていきます。合掌も、右の手が阿弥陀如来、左の手が人間でそれが一つに合わさって、自分の目の前にいる人を拝んでいく心です。実は信仰なんですよ、アシステンツァは。この心がなくなって方法論だけになると、自分がしてあげているんだ、そばにいてあげるんだということになっていく。好きな人といるときだけがアシステンツァだということにもなってしまいます。

第三章

長崎コレジオ時代

私もあなたの作品でした

岩下裕志

二〇一九年の五月、引っ越しのためそこらじゅうを引っ掻き回していたら、昔の写真や思い出の品に久々に出会いました。その中には長崎コレジオ院長時代の溝部神父の長崎の神学校でのいろいろな写真もありました。もはや二十年近く前の写真です。あのころの写真は全部、溝部神父と一緒に写っているわけではないし、記憶の中では、そこに溝部神父がいなかったときの写真もあるのに、なぜか全部に溝部神父を感じるのです。一瞬、自分が時の流れの狭間で一人夜空の星を見上げ、郷愁に駆られるのかと思いきや、なにもこんな引っ越し期限が迫る忙しい中で見つけなくても……、と思いつつ引っ越し作業に没頭し直しました。

私は忘れっぽい人間です。よく言えば過去にはとらわれない、悪く言えば薄情者。私は恩知らずな奴かもしれないと下を向きかけたとき、ふと、以前テレビで見た某漫画家の弔辞を述べる某芸能人の姿を思い出しました。そのとき、某芸能人は「私もあなたの作品でした」と言っていました。今、溝部神父を思い出すときに、なんだかその言葉が妙に腑に落ちます。

確かに思い出が出てこないのも深層心理で自分の中にとどめておきたいが故に人に言いたく

ない的可能性も無きにしも非ず。もはや私の今の生き方そのものが、溝部師につくられたものなのです。それこそたとえば、子どもが親に感謝する際に、生まれてこの方食べさせてもらった食事メニューすべてを覚えていないと薄情者とはならないのと同じことです。

故に私は今、胸を張って、思い出を覚えていません！　と、宣言します。そして、溝部師には胸を張って生きている旨をお伝えしたいと願っています。溝部師がＯＫならイエスもＯＫということになるのではなかろうかと一人で納得しているのです。

長々言ってなんですが、ただの言い訳ですね、すいません。周りを煙に巻いてなんとか取り繕うとするのはあのころとまだ変わってないみたいです。でもしっかり生きてますよ。だからなんでしょうかね？　二十年前の写真の私、結構楽しそうです。今見ても羨ましいぐらい。それがすべてなのでしょうね。今でも私は、あんな感じで楽しんでます。

「溝部神父さん、そちらはいかがっすか？」

（いわした・ひろし）

引き合わせてくださった神に感謝

野濱達也

司祭叙階の恵みを受けて早や十一年。昨年節目の叙階十周年を迎えたが、過ぎてみれば十年などあっという間であった。もちろん十年などまだまだ若輩。それでもまずは十年司祭として歩み続けられたことに感謝である。当然、一人では歩み続けることはできない。これまでに多くの人々の支えや祈りがあった。溝部師もその支えとなってくださった一人、自分の司祭召命の歩みの中でかけがえのない存在である。

長崎コレジオが設立されたのは一九九八年のことである。それまで長崎カトリック神学院（小神学校）を卒業した者は福岡サン・スルピス大神学院（大神学校）に進学していた。私たちの代から司祭の養成課程が変更され、大神学校へ入学する前段階の神学校として長崎コレジオが設立され、溝部神父はこのコレジオの初代院長として着任された。〃もし〃長崎コレジオが設立されなければ溝部神父との出会いはなかったかもしれない。だからこそ、引き合わせてくださった神に感謝。神のなさることはときに不思議なもので、〃もし〃もまた、神の計画・神の摂理と言えるのかもしれない。

長崎コレジオの宿舎として与えられたのは大浦天主堂の隣にある旧司教館であった。ここで暮らせと言われてもそこは司教館時代の荷物でごった返した状態。その荷物の片付けから長崎コレジオでの生活は始まった。何もわからず始まった生活、それは溝部神父もまた同じであったかもしれない。そんななか、コレジオの中で大切にされていたことは「共に」「一緒に」ということであったように思う。共に活動し、共に食事をし、共に祈る。そうして家庭的な雰囲気をつくることを目標とし、実際にコレジオにはその雰囲気があった。共にすべてを行っていくなかでコレジオは形成されていったように思う。

コレジオで溝部神父と過ごした期間は実質二年間であった。コレジオ在籍中に仙台教区への司教に任命され溝部神父はコレジオを離れることになった。コレジオで溝部神父と過ごした日々、それはまさにかけがえのないもので、今自分の司祭生活に大きな影響を与えている。

溝部師の通夜・葬儀の日、棺に眠るお顔を何度も拝みに行った。司祭となった今だからこそ「もっと話を聞きたかった」「司牧の思い、悩みを聞いてほしかった」と思う。それがもう叶わないのはやはり寂しさが募る。

「養成のコツは忍耐」、ある年に溝部師よりいただいた年賀状にそう一言添えられていた。当時小神学校の養成者として働いていた自分にはとても胸に響く言葉であった。そしてまさにコレジオ時代に溝部司教は私たちに忍耐強くかかわってくださった。まだまだ続く司祭生活。溝部司教には天国から忍耐強く見守っていただけたらと思う。いつの日かまた同じ祭壇でミサでもおささげしましょう。

（のはま・たつや）

キリストに倣い、キリストを生きた方

薬真寺真理枝

溝部神父が長崎コレジオの院長で長崎に赴任されて以来、なぜだかいつも、何も知らない何もできない私を使ってくださいました。一九九八年、長崎コレジオの初代院長に赴任してすぐの夏休み。大浦天主堂横の旧司教館（長崎コレジオ）に「お兄ちゃんを連れて遊びに来ない？」と呼ばれました。そして私にはとても難しい趣意書を見せられたのですが、「どう、このボランティア活動一緒にやらない？」と聞かれると、思わず「はい」と返事をしていました。

スタッフが揃い「長崎ソロモン友の会」と命名されました。私は福岡で発足した「福岡ソロモン友の会」を支援する後援会を引き受けることになり、長崎・福岡で協力して活動が始まりました。春と夏の休みの期間、コレジオ生と長崎、福岡の青年たちで、ソロモンやタイ、フィリピンに行き現地の方と生活を共にしながら、一つの目的を果たしてきます。海外ボランティア活動「ソロモン友の会」のスタートでした。

福岡の青年たちの活動資金のために私が所属する教会のスタッフとパンやワッフル作り、イタリアのワインの販売もしました。溝部神父が仙台の司教に就任されてからは会津若松などでの「雪かきボランティア」を何度も計画しました。雪を知らない九州の青年がどこまでお役に立ったのかはわかりませんが、現地の方々にとてもお世話になりました。溝部司教が紹介してくれた協力者の方々は本当に心強く、長く支援してくださいました。青年たちも国内のいろいろな方と知り合い、活動を共にすることができ、世界が大きく広がるきっかけになりました。活動は十五年間続き、参加したコレジオ生や青年たちは確実にそこで学び育っていきました。

溝部司教が高松教区を去るにあたって望洋庵の話を聞いたとき「また手伝ってくれる？」と言われました。今度も「はい」とお返事して支援の会のメンバーになりました。望洋庵は、青年たちと聖書を読み、黙想をし、祈り、皆と一緒に食事をし、心を開いて話し、笑い、それぞれ自分の召命について考え、心の拠りどころとなる青年の居場所です。筋をとおして一貫した姿勢で青年たちと接している溝部司教の姿は、頼もしいものでした。

溝部司教はキリストに倣い、キリストを生きた方でした。苦難をあえて受け入れた生き方、特に最期は私の中でキリストの受難と重なります。そしてドン・ボスコの精神を生きた方でした。あの青年たちにかかわる姿は出会って五十年間変わりませんでした。溝部司教からいただいた多くの人との繋がりは私の生涯の宝物。私はあなたに出会えて本当に幸せでした。

（やくしんじ・まりえ）

信徒発見の地、大浦を心から愛され大切にされた

山口久江

最初の出会いは一九九八年四月、長崎に開設された長崎コレジオの初代院長として溝部神父が来られたとき。諮問委員会の中に女性を一人という浜口末男神父から私にお話しがあり、ご縁が始まりました。その年の秋、大浦天主堂の旧大司教館二階で始まった長崎コレジオは、建物も歴史も佇まいも素晴らしかったのですが、神学校としては少々不便で溝部院長は毎日神学生たちと掃除、片づけをされていました。かつて里脇浅次郎枢機卿が使われていた応接間の重たい椅子をご自分が使いやすいように配置換えした溝部院長は、「若いころサレジオ会の活動を長崎でやりたいと里脇枢機卿にお願いし、断られたのがこの応接間だよ。ここに来た最初の夜は枢機卿が出てくるのではないかとヒヤッとしたよ」と独特の笑顔と口調で話してくれました。

信徒発見の地、大浦を心から愛され大切にされた溝部神父は夕方、神学生たちと天主堂の周りをロザリオを繰りながら歩み、最後に正面の日本の聖母像の前でサルヴェレジーナを歌っていました。昼間の喧騒が終わり夕暮れの静けさの中で聞こえる歌声の響きは思わず足を止めて

しまうほど美しく、忘れることができない光景でした。もう一つ溝部院長が愛されたのは聖堂祭壇右側の小祭壇に掲げられた信徒発見のマリア像です。あるとき、興奮状態で私に一枚のスナップ写真を見せてくれました。そこには信徒発見のマリア像の横に並んだ溝部神父の得意顔が！　どうしてもマリア像と一緒に写りたくて、必死でよじ登り撮ってもらったそうです。

長崎コレジオを整えながら神学生と同世代の青年を海外に派遣し、現地の要望に沿ったボランティア活動を行うソロモン友の会を立ち上げ、コレジオ内に事務局を設置。神学生を含む参加者も自己負担金を出し、事務局も支援金を大切に使う、その活動をとおして溝部神父から真のボランティア精神を学びました。長崎コレジオが最後の仕事だと精力的に神学生養成に携わり、忙しく過ごされていましたが、どんなときでもお訪ねすると会ってくださいました。しかし、一度だけ断られたことがありました。それは仙台司教に任命されたとき。ここでの任期もまだ半分、なかなか答えが出せないと、祈っておられたようでした。

その後も、仙台、高松、京都、溝部司教とお目にかかるといつも心が温かく平和で満たされました。すべての思い出は宝物、それはまだまだ増えると思っていました。「信徒発見のマリア像の前で待っています」という呼びかけに「うん、うん」と頷いてくださった溝部司教。お別れのときは大切な宝物の最後の場面となりました。

（やまぐち・ひさえ）

第四章

仙台司教時代

心に残る大切な言葉

阿部正子

「平和の絆で結ばれて、霊による一致を保つように努めなさい」（エフェソ4・3）

このみことばは、溝部脩司教が二〇〇〇年九月九日に仙台教区司教として叙階・着座された記念カードに記されています。当時仙台教区は、長い間司教不在が続いていたので、着座の喜びの中にみことばが響きました。早速聖書を開き、エフェソの信徒への手紙を読み、新しい司教からの私たち仙台教区信徒へのメッセージを受け止めたことを覚えています。

その後、いろいろな出来事の中で溝部司教と話す機会をいただきましたが、互いに故郷が九州であることに親しみを覚え、勝手に心を開いてしまっている私をいつもニコニコと受け入れてくださったことは感謝でした。信仰共同体において悩む日もありましたが、日々の生活においても大切なお導きをいただきました。

二〇〇四年、溝部司教は仙台から高松教区に転任されました。そして五年がたち、新しく結成された高松教区女性の会総会に、日本カトリック女性団体連盟の役員としてお招きいただきました。参加者の生き生きとした姿に感動して、溝部司教に一言「よかったですね」と申し上げたところ、「誰にでも『よかったね』とは、なかなか言えないものですよ」と言われました。どういうことかと思い巡らすうちに、「自分の好む人、苦手な人に対しても『良いものは良い』と捉えられる人になりなさい」との溝部司教の教えに思い当たり、今も大切にしています。

溝部司教からは教区を超えてたくさんの方々をご紹介いただきました。その方々からは、東日本大震災の折には「絆」として、私たち被災地への祈りと大きなご支援をいただきました。また、将来の教会を担う青年たちのための「望洋庵支援の会」にも導かれました。神と人を、人と人を繋ぐ信仰のネットワークづくりにも尽力されたと思います。

溝部司教が帰天された日は、日本カトリック女性団体連盟理事会が福岡市で開催されていました。私はその前に京都大学附属病院で面会することができました。仙台教区への司牧の御礼の言葉と共に、これからも明るく前向きに信仰生活を送ることを申し上げる恵みをいただいたことは、本当に神に感謝です。

（あべ・まさこ）

スーパーヒーローなおじいちゃん！

鈴木　彩

溝部司教が仙台教区にいたときに二〇〇二年四月のワールドユースデー（ＷＹＤ）トロントに参加しました。それが出会いです。

仙台教区での和服ミサ、福島でのワインを囲む会、ラザニアの会。食を共にして語り、歌い、祈る、そんな〝活動〟。溝部司教のモットー〝生涯を若者にそそぐ〟、そのそばにいさせてもらいました。

幼児洗礼の私にとって、思春期のころは教会に行くことさえ億劫に感じていました。そんなとき、母に強く勧められたＷＹＤトロントに溝部司教やさまざまな方と参加し人生観が大きく変化しました。溝部司教の周りにはたくさんの人が集まります。言ってしまえば日本のスーパースター、そして世界を飛び回るおじいちゃん。年を重ねても必要とされれば立ち向かう姿はとても大きな影響を与えてもらいました。

お酒が大好きで人が好きで、料理が好きで誰からも愛されて……、酔っ払ってはニコニコしていた姿が印象的でした。

うまく思い出を紐解いて溝部司教を語ることが難しいのです。計り知れない困難に常に直面していたにもかかわらず、温厚なあの姿はやはり、私にとっての、いや、みんなにとってのスーパーヒーローなおじいちゃん‼ 大好きだよ‼ こんなに愛されてる人、なかなかいないよ‼

（すずき・あや）

八木山教会と溝部司教

野田和雄

二〇〇一年一月、私の所属する八木山教会が火災で全焼して教会存亡の危機を迎えました。溝部司教はいち早く駆けつけてくださいました。司祭団との厳しい話し合いの結果二〇〇二年四月、教会を再建しました。建物が建つ以上、それに相応しい義務を負うことになりました。溝部司教からはさまざまな指摘を受けました。再建でなく新生と言っているが本当に新生しているか、これからの信徒は集会祭儀を実施するだけでなく、教会を存続させるために多くのことを信徒自身でやってゆかねばならないと言われ、教会共同体存続の一般論として（1）財政の独立、（2）自主運営、（3）宣教・司牧、の三条件をあげられました。同時に、新しい信徒を養成しなければ高齢化により教会はいずれ消滅すると、厳しい表情で指摘されました。

仙台教区司教として、溝部司教は若者を集め黙想会・聖書の学び・分かち合い・ミサを各地で行われました。修道会や旅先の宿・信徒の家庭を使って若者を育てました。そして場所を提供した修道会や信徒にも分かち合いを広げてゆきました。溝部司教の分かち合いと学びが主日のミサに繋がっていきました。若者だけでなく多くの大人も溝部司教の行動力とカリスマに引き込まれ、信仰を深めてゆきました。そんな仙台の若者の中から後の高松教区司祭も生まれました。

二〇〇四年に入り、信徒の育成と宣教を祈っていると、教会学校を通じて家族全員六名が受洗するとの知らせを受けました。宣教の喜びと共に教会の存続ができた瞬間でした。これで胸を張って溝部司教に会えると思っていたら高松教区への異動を知らされました。仙台では溝部司教にできるだけの応援をすることになり、仙台教区の青年たちが四国に何度も行くようになり、四国の青年会が盛り上がり信徒相互の交流も深くなりました。

東日本大震災では仙台教区全体が甚大な被害に遭います。八木山教会もオリーブの会を立ち上げて亘理町津波被災者の傾聴活動を開始します。溝部司教から支援先を紹介していただき、今でも溝部司教の応援メッセージをつけた活動記念アルバムは、オリーブの会のボランティアスタッフの励みになっています。

溝部司教は仙台教区八木山教会の火災対応から始まり、仙台の青年育成と教会の新生という多くの実りをもたらしました。高松教区の再建に仙台の若者たちが参加して絆が生まれ、東日本大震災で絆がさらに太くなったと思います。常に青年や司祭の育成に励み祈りと分かち合いを大切にしてきた溝部司教の姿が、今でも私たちの心に生きています。

（のだ・かずお）

ドン・ボスコの息子

長谷川昌子

仙台教区に来て、初めて溝部脩司教のところへご挨拶に伺ったとき、満面の笑みを浮かべて「待っていましたよ。よく来てくださいました」と両手を差し伸べて、しっかりと握手をして迎えてくださったことを思い出します。二〇〇三年五月のことでした。それから溝部司教が仙台を去られた二〇〇四年五月までの約一年間、いろいろお話を伺ったり、ご指導を受けたり、恵みあふれる一年を過ごさせていただきました。忘れられないことはたくさんありましたが、そのなかのいくつかについてお話ししたいと思います。

まず、第一は、本当に溝部司教は「ドン・ボスコの息子」だったということです。ときどき、言葉の端々に「ドン・ボスコ」のエピソードなどが出るのですが、それが、溝部司教の中に生きていて、「ああ、この方は本当にドン・ボスコの息子だなあ」と感じたものです。たとえば、あるときこのような話をしてくださいました。「ドン・ボスコに出会った人は、大人も子どももみんな、ドン・ボスコは私をいちばん愛してくれている、と感じていたそうですよ」と。これは溝部司教に出会った人が皆、そのように感じていることでした。

溝部司教が高松教区に行かれた後、青年たちと溝部司教の思い出話をしていると、その青年たちから「自分が困っているときにどんなに夜遅くなっても話をじっと聞いてくださって、それによって助けられた」ということや、「進路に迷っているとき、的確なアドバイスをしていただけたので、迷うことなくその道を進んでいけた」という感謝の言葉などが次々に出て、最後にみんなが結論のように言ったことは、「みんな、司教さまにかわいがられていたよね。大事にされていたよね」ということでした。

私がもう一つ「溝部司教がドン・ボスコの息子」と感じたことは、「ドン・ボスコは子どもたちに話したときなど、その部屋から出る前に、必ず振り返りをなさっていました。それは、私も心がけていることでね。授業が終わって教室から出るとき、私も生徒の顔を見ながらドアを出るまでの間に、ちょっと短い振り返りをせずに出なかったことはありません」とおっしゃったことが忘れられません。その教訓を私も大切にし、そのとき、そのときに反省する、意識の糾明をすることに心がけています。

溝部司教がいつも心にかけ、大切にされていたことは、青年たちのことでした。あるとき、「仙台教区には、いい若者たちがたくさんいます。その若者たちを集めて、月に一度、黙想会を開きましょう。彼らは霊的なものに飢え渇いているようです」とおっしゃいました。そうして始まったのが、「青年黙想会」です。

第一回目の集まりのとき、溝部司教が指導で、司祭、ブラザー、シスターの大人のリーダーと何人かの青年リーダーと参加者が希望にあふれて集まりました。ところが、衝撃的なことが起こりました。その黙想会の第一回目の溝部司教の最初の言葉が、「私は、高松教区へ行かなければならなくなりました」というものでした。

溝部司教の最初で最後の仙台での「青年黙想会」！　しかし、青年たちもリーダーも溝部司教の教えを忘れることなく、黙想会を細々とではありますが、続けております。

（はせがわ・まさこ）

出会い――召命――誓願――
どこでも、どんなときでも、希望のうちに

松尾 太

溝部脩司教と初めて会ったのは、山形、鶴岡教会での雪かきボランティアに参加していたときでした。一見、小柄なかわいいおじいちゃんという感じでしたが、眼光の鋭さと、その風貌に似合わず低くドスのきいた声ではっきり話す姿が印象的でした。

ある夜、溝部司教は、私たちにカテケージスをしてくださいました。ろうそくを灯した暗い聖堂の中で、分かち合いをしました。そのときのことで一つだけ思い出せるのは、溝部司教の話を聞いているうちに、私はウトウトしてしまい、内陣から落っこちそうになったということです。とても恥ずかしかったのですが、溝部司教が、笑いながら、大丈夫か、と言ってくださったことをはっきり覚えています。溝部司教との出会いはこのように他愛のないものだったので、その後、非常にささやかながらもかかわりが続いていくとは、そのときは考えていませんでした。

次の機会は福岡、行橋教会での青年の黙想会でした。指導をされた溝部司教の「山に登らな

ければならない」という言葉は、当時、仕事をしてはいたものの、どこか自分を見失ったまま生きていた私の心に突き刺さり、深く響きました。そして、「キリストを中心にして生きなければいけない」という母の言葉との相乗効果で、私の心を揺さぶりました。その後、通っていた小教区のアウグスチノ会の司祭に助けられ、修道司祭への歩みを始めることになりました。「初誓願おめでとう。祈っています。誓ったことを生涯、大切に」、これは私が初誓願の恵みをいただいたときに、溝部司教が送ってくださった言葉です。溝部司教は、私にとっては出会ったときから司教だったので、サレジオ修道会士であるということはあまり深く意識したことはありませんでした。しかし、このメッセージを読んだとき、この方は今もずっと修道者なのだということが、深く腑に落ちました。その後も、召命に悩んだり、その恵みに十分に応えて生きることができていない自分に気づくたび、この言葉を思い出して勇気を得ています。

溝部司教は、人生の中で悩み、苦しみ、自分なりの答えを出そうともがいている青年たちと一緒に歩みながら、彼らの声にならない声にも一生懸命耳を傾け続けました。そして、神がくださったいのちとその未来はいつも希望に満ちていることを、みことばを中心に置いてじっくり歩み続ける溝部司教ご自身の生き方によって示してくださいました。私は、そんな溝部司教に本当に助けられた者の一人です。

（まつお・ふとし）

ミサは自分をささげて世の中に飛び出すこと

御供真人

溝部司教に呼ばれて仙台の青年活動に入り、沈黙のうちにみことばを思い巡らし分かち合うことを教わりました。全国での青年活動や自分の人生に迷ったときは高松や望洋庵に伺って、祈りと分かち合いを共にしました。司教としての多くの困難な使命、ペトロ岐部と一八七殉教者列福や高山右近列福という大きな仕事に取り組みながら、青年に信仰を伝える召命を走り抜かれた溝部司教の小さな背中を思い出します。

溝部司教は青年と共にある方でした。一人ひとりに話しかける、自分に語りかけてくれているなと実感させる温かさをもっている、相手をしっかりと見つめて愛していく善き牧者でした。自分の考えを押しつけてくる神父とは違いました。青年相手だからと酒を飲み馬鹿騒ぎをして、自分の思いどおりに支配したがるような神父や青年たちとはまるで違いました。

溝部司教は祈りの雰囲気と分かち合いを大切にされました。「今があなたの時なのです」と目覚めて自分の道を主と共に選び、自分の十字架を背負って歩き出すよう共に祈ってくださる方でした。ミサこそ大切であること、ミサは自分をささげて世の中に飛び出すことだと、言葉と行いで教えてくださいました。ミサが終わったらぐずぐずしていないで出発しなければいけない。自分が生きている生活や社会にキリストをいただいて遣わされるのだと。溝部司教は、秘跡によりパンとぶどう酒がキリストのからだと血になることを教えてくださいました。ある意味では司祭はそんなに多くは要らない。でもこの瞬間にかける司祭が要る、そうでない司祭は司祭でない、司祭はここ、日曜の主日のミサのこの一点にいのちをかけるのだと。

溝部司教は初代教会でもキリシタン時代でも、司祭はミサ、聖体、ゆるしの秘跡、祈ること、キリストの教えを伝え信徒を霊的に導くためにいたこと、そして教会は自立した信徒たちが中心となってつくっていったことを教えてくださいました。司祭がいる聖堂が教会なのではない、定住している神父がいなくても、信仰を分かち合いながら生活をする共同体の集まるところが「教会」であること。信徒たちがつくる共同体を神父が巡り歩き、教えを伝えてまた次のところへ出かけていく。信徒の組・共同体であるキリシタン時代の教会が迫害に耐え、殉教者を出すほどに生き生きとした、強固なものになった理由はここなのだと。

私がキリスト者として生き、生活や仕事で悩み決断するとき、ミサの中で、日々の祈りや黙想会で、不肖の弟子は溝部司教の言葉や教えに今も導かれています。

（みとも・まさと）

繋がり

渡邉陽子

私がまだ求道中のとき、知り合いの方から「司教指導で女性対象の一泊二日の黙想会がある」と勧められ溝部司教と初めて出会いました。当時、教会の仕組みすら知らなかった私は、司教とはどういう人なのか、会社でいうところの社長みたいな人かなぁ、などと考えながら黙想会が始まるのを待っていました。すると、私の目の前に現れたのは、白髪の小柄な老人でした。私は自分の描いたイメージとは違うその姿に、少し驚きました。

黙想会は歌を歌うことから始まりました。社会に出てからほとんど歌など歌ったことがなかった私には、その体験はとても衝撃的なものでした。もちろん、溝部司教の聖書の話は目からウロコでとても深いものでしたが、それよりもなぜか歌を歌ったことがいちばん印象に残りました。

参加者との交わりの中で一日が過ぎ、次の日、別れのとき、溝部司教はみんなのメールアドレスを聞きながら、「どんどん繋がっていってね」と声をかけていました。そのとき、私はその意味がよくわからなかったのですが、調子よく「はい、はい」と答えていました。

黙想会の後、たまたま溝部司教から「長崎に行かないか」と誘われて、初めて長崎に行くことになりました。この旅の参加者は、溝部司教と黙想会で出会った方と青森の信者さんと私の四人。溝部司教は長崎では体調が悪そうで、旅の当初はとてもつらそうでしたが、自ら車を運転して私たちをいろいろなところへ連れて行き、いつも先頭を歩かれて熱心に説明してくださいました。そのときの私は、イエスのことも信仰のこともあまりピンときていなかったのですが、私たちの前を歩く溝部司教の後ろ姿に、イエスってこういう方なんだろうと強く感じたことを今でも覚えています。

その後数年、溝部司教と多くの青年たちと青年活動に没頭したり、ワールドユースデーに参加したり、おかげさまで洗礼の恵みもいただき、怒涛の如く時を過ごしてきました。当時は、溝部司教が言っていた「繋がっていけ」という意味がよくわかりませんでしたが、今では本当によくわかります。溝部司教のお陰でたくさんの人と出会い、多くの友人ができ、その繋がりのお陰で、今自分はここにいられるのだと強く思います。これからもこの繋がりを大切に、そして新しい繋がりを広げて生きていけたらと思います。この繋がりは私にとってかけがえのないものなのです。そして溝部司教は、今もこの繋がりの中にいます。

（わたなべ・ようこ）

思い出は、いっぱい

渡邉福音

溝部司教さまは、十歳の私にとって、おじいちゃんのような方でした。遊びに行くと、いろいろなところにつれて行ってくれました。三千院にも行きました。ほかにも思い出はいっぱいです。それに、プレゼントもくれました。ぬいぐるみもくれました。私は幸せでした。

司教さまはたくさんの思い出をつくってくれました。それは私にとって、大切なものなんです。

（わたなべ・ふくね）

私のステンドグラスの源泉

渡邉　真

私がステンドグラスと出会うきっかけをくれた溝部司教。いろいろな思いがめぐるなかで、淀んだ川の岸辺でぼんやりとしていた私に、その先の新鮮で勢いよく流れる激流へ漕ぎ出す「一歩」に導いてくれたことを思い返した。

溝部司教の著書を読み返すたびにあの方の声が話しかけてくる。日々の出来事で踏ん切りがつかないとき、自信がもてないとき。溝部司教が、毎日ロザリオを持ちながら自分の部屋の前の通路を何往復もしていたことを思い出す。思い出すたび涙がでる。

自分はどれほど祈っただろうか。どれほど思いを巡らしただろうか。どれほど委ねただろうか。どれほど、「えぃや！」と一歩踏み出しただろうか。弱っている場合じゃない。

グジグジ言っている私に、「やってみたら？」と、あの穏やかな声が聞こえる。

（わたなべ・まこと）

第五章

高松司教時代

一人ひとりの青年たちに心を砕き、招き続けていた　諏訪榮治郎

溝部司教と初めてお目にかかったのが二〇〇五年の初夏、高松の司教館執務室でした。そもそもこの出会いが私の人生を変えてしまったのです。

誠に恐縮ですが、少し私事を述べさせていただきます。一九九五年、新しい年が明けて間もない早朝、当時大阪教区司祭だった私はいつもと違う時間にふと目が覚めました。するとゴーという地鳴りが聞こえてきました。阪神淡路大震災でした。

大きな揺れにガラスコップが飛び散り、ゆさゆさと……もうこれ以上続くと司祭館はつぶれる、と覚悟したとき、スーとおさまりました。自宅の二階に寝ていらしたある信徒の方は、気がついたら庭に投げ出され、立ち上がると周りから「助けてー、助けてー」との叫び声が聞こえ、あぁ、〝世の終わり〟が来た。しかし人が叫び声をあげているから、助かったのは神戸の町だけ、と思ったそうです。

「ボランティア元年」と言われたように、ありとあらゆる救援活動が現地救援ベースとなった

教会で繰り広げられました。非常に悲しい出来事ではありましたが、お互いを支え合う「思いやり」が町のテーマとなりました。人間って素晴らしいという、いくつもの体験が人々に元気を与え続けました。私のいた教区の教会は全焼もしくは全壊したのですが、いろんな方々が集まり助け合う場になったのです。そのときささやかれた言葉がありました。「教会堂はなくなったが、本当の教会が生まれた」と。それは「教会とは何か」と自らに問いかける機会となりました。日々の復興活動と教会の立て直しに十年が過ぎ去りました。いつしか手元には病院の診察券が十枚ありました。

いったん神戸を離れ、続いて四国八十八札所のお遍路によって振り返りの時間をもつことにしました。熊野古道を歩きまわり、高松に入ったとき、司教館に行くようにとの連絡を受けました。見知らぬ土地、うどん屋の主人は一緒に高松司教館まで案内してくれました。「おもてなし」に感激し、溝部司教の執務室をノックした次第です。

ドアが開いたその部屋はうす暗く、書類が散乱していました。溝部司教の顔も固く暗い表情で、何か大変なことが起こっていると直感したのです。話が進むにつれ、溝部司教の顔は次第に明るくなり、司教館の隅々まで案内してくださいました。結果、司祭のいなかった高知の江ノ口教会にしばらく滞在し、体と心を休めることになりました。

その地に暮らすなか、高松教区の抱える問題が次第に見えてきました。「教区の再生と一致」、溝部司教の大切な課題でした。

ある夜、ふらっと溝部司教が江ノ口教会に来られました。食事とアルコールを共にしながら、一筋縄ではいかない状況とその難しさを、夜どうし分かち合ってくださいました。ふと時計を見ると夜中の二時を回っていました。

「もう寝ませんか？」と申し上げると「何言ってるんだね。これからじゃないか」

「え〜もうお酒ありませんよ」すると「買っておいでよ、ブランデー」とのお言葉。

「こんな時間どこも開いてませんよ」

なぜか忘れられない思い出です。溝部司教のお酒に十分お相手できなくて少し申し訳なかったと思っています。

結局、高知に六年とどまっておりましたが、溝部司教との交わりはそれほど深いものではなかったのが残念に思います。

しかしあの当時、教区でいちばんよく働かれていたのは溝部司教ではなかったかと思い起こします。広く一人ひとりの青年たちに心を砕き、招き続けていらしたのを思い出します。子どもたちにも多くの殉教者たちの信仰を情熱を込めて伝えてくださったお姿に本当に感謝いたします。ストレスにつぶされそうなとき、殉教者たちの生き様は溝部司教の元気の源となっていたのではないでしょうか。

今、高松教区は「社会と共に歩む教会をめざして」教区民の一致とその実りをいただいています。「一粒の麦が地に落ちて……、多くの実を結ぶ」を味わっています。

（すわ・えいじろう）

一人しかいない「私」に寄り添って

河合良治

二〇〇四年七月十九日、高松教区の司教として着座されて以来、溝部司教とのかかわりが始まります。溝部司教はまず、青少年委員会を立ち上げました。当時の青年活動は活発ではなかったのですが、「世界青年大会に参加すれば青年たちは大きく変わる」との考えのもと、二〇〇五年WYDケルン大会へ四国の青年を送ることに力を注がれました。その支援アシスタントとして青少年委員会のメンバーとしてお手伝いをさせていただきました。

青年大会には、司教ご自身も参加され、七十代の司教がウォーキング巡礼を行ったことを地元マスコミも取り上げました。自らが先頭に立ち、引っ張っていったことで、大会に参加した青年たちが核となり活動が活発になったのは言うまでもありません。また将来の召命を祈りのうちに識別する「高松塾」（望洋庵の前身）も立ち上げました。教区では難しい問題が山積するなかで、青少年司牧を教区の重要課題とされた溝部司教の青年に対する思いは大きなものがありました。

溝部司教の魅力は飾らない人柄、一人ひとりを大切にする姿です。着座式に私の娘が花束を渡したことを覚えていて、初めて私の所属する教会にいらしたときに娘にチョコレートのお土産をくださいました。私もまだそれほど面識がなかったときで、びっくりしました。また、着座して初めて参加された教区行事「こどもの集い」の翌朝、「良い企画だったねと」メールをくださったまめで人の気持ちを大切にする人柄や、「私は若い人たちの育成に力を注ぐ」と言いながら、高松に来られたときは必ず病気の婦人を見舞うなど老若男女の区別のない人を思う接し方は、周りの人を魅了するものでした。

溝部司教のそばは何かいい雰囲気、楽しいこと、美味しいもの、酒、イベント、もちろん聖書の話も、そんな匂いに誘われて皆が自然に集まります。溝部司教は「皆の中の私」ではなく、「一人しかいない私」を見て、声をかけ、気にかけ、寄り添ってくださいました。

溝部司教が帰天されて四年たちますが、改めてその偉大さ、こんなときに溝部司教がいてくださったらとよく思います。溝部脩司教とともに過ごすことができて本当に感謝です。

（かあい・よしはる）

エプロンをかけたイエスのような

ジュード・ピリスプッレ

溝部司教が仙台教区から高松教区にいらして、まだ着座式をしていないときのことです。用事があって高松教区事務所に行ったとき、司教がいらしているということを知り、挨拶をしようと二階に行きました。

探しているうちに台所で、小麦粉で汚れたままのエプロンをかけていたおじさんを見かけました。これまで会ったことのないこのおじさんは誰だろうと思いながら声をかけたら、「溝部です」と答えたのでびっくりしました。青年たちの夕食の準備だと言われたので、イエスがエプロンをかけて弟子たちの足を洗った姿を思い出しました。これが私と溝部司教との最初の出会いでした。

それから数カ月がたって、「高松教区の青年担当をしてほしい」という依頼を受け、引き受けました。その後、WYDケルン大会に行く準備をし始め、二十八人の青年が高松教区から参加しました。そのWYDケルン大会でのことです。

ケルンの体育館で私たちが泊まっていたところに、第二陣を引率して溝部司教がいらして、私たちの隣で寝ることになりました。その次の朝、私が寝ていたところのそばに一つの指輪を見つけました。そこには京都教区の大塚喜直司教がいらしたのでこの指輪はと聞いたら、溝部司教のものかもしれないと言われました。

司教の大事な指輪、私は溝部司教に会うまでなくしたら大変という気持ちで、ハンカチに包んで大事に持ち歩いていました。その日の夕方、溝部司教と会ったときに、何かをなくされていませんか、と聞くと、指輪と軽く言われました。ええ！ こんな大事なものをなくして心配ないのと思って指輪を渡しましたら、また軽くありがとうと言われました。なんだか、拍子抜けしてしまいましたが、同時にその日一日、司教の指輪を持ち歩きながら溝部司教の気持ちを思い、まるで力をいただいていたようでした。

このように溝部司教と出会い、経験した出来事はたくさんありますが、そのなかでも素晴らしい人柄は印象に残っています。溝部司教と一緒に青年会にかかわりながら、溝部司教の精神、指導の形、熱心さ等を学ぶことができました。今は、溝部司教から学んだもの、いただいたアドバイスを私の宣教のあり方に活かしています。

今、あの声を聞き、あの姿を見られないのは寂しいです。

（Jude Peirispulle）

その人らしく誠実に

高山　徹

　溝部司教は、いつも私に「徹、モゴモゴせず、はっきり言いなさい」とおっしゃいましたね。「相変わらずモゴモゴしてるな」と言われそうですが、ありったけの感謝をお伝えしたいと思います。

　私には、大切な写真があります。教会で成人式の祝福をいただいたときのものです。溝部司教と私が笑顔で握手を交わす姿が映っています。祝福の後の黙示録について講話の中で溝部司教は何度も、「生ぬるい」という聖書の表現を語られました。自分が言われているような気がしたのを覚えています。講話後の食事会でそのことを申し上げたら、ニヤリとして「徹に向けて言ったんだ」とおっしゃいました。以来、教会の仲間と共に導いていただきました。

　溝部司教は、口では「バカ」といいながら、いつも温かく見守ってくださいました。御父のいつくしみを、私たちと共にいながら、伝えてくださいました。それは、自分の中に深く息づいていると強く感じます。私たちと共に食事をし、共に祈り、ときには一緒に浜辺で相撲を取ったりもしてくださった、そんな溝部司教の生き方、信仰の在り方を感じさせていただきました。祈り、食事、分かち合いが、教会共同体をつくるということも教わりました。

私は、教育の現場で働き、そこで挫折を味わいましたが、溝部司教のもとでもう一度立ち直ることができました。二年間の司教館での志願者生活は、再び学校現場の仕事をいただきながら、充実した日々となりました。溝部司教は私だけなく、多くの青年一人ひとりと深くかかわってくださったのです。本当の意味で自分の信仰を見つめ、イエスに従う望みが沸いてきました。当時溝部司教から言われた「肚が据わっていなければ、どんな仕事も為せない」「弱さがあってもいい。皆が一致して歩む」「在俗司祭として、泥にまみれながらも泥に染まってはいけない、本物になりなさい」という言葉も、神学校入学直前の私に、「遅いと言われても、鈍いと言われても、その人らしく誠実に歩めたら、それでいいんだよ」と言われた言葉も忘れられません。今も温かい眼差しで語りかけてくださっているように感じます。

私が司祭として歩みだして一年以上がたちました。教えられてきたたくさんのことを思い起こし、いろいろな局面で溝部司教ならどうされるだろうか、と考えたりもします。焼酎を飲みながら決まって最後に〝ニヤリ〟と、「ま、いいんじゃないかな」と言われたことも……。この〝ニヤリ〟を思い出すと、頑張れそうな気がします。


（たかやま・あきら）

ため息をついている間はまだ大丈夫

多田 洋

私は、二〇〇四年に溝部司教が高松教区に着座されて以来、教区事務局員としてお仕えしたこともあって、司教から学ばせていただいたことは数多くありました。

そのなかで印象深かったことの一つは、溝部司教はミサの説教や書簡の中でたびたび「皆さん、ため息はつかないで前を向いて進みましょう。ため息病にならないように」と諭されていたことです。私もその意味は承知していたのですが、しばらくそばにいて気づかされたことは、どうも溝部司教がいちばんため息をついている様子なのです。それがずっと気になっていたので、あるとき意を決してそのことを尋ねてみました。すると、溝部司教はしばらく考えられて、「多田さん、ため息をついている間はまだ大丈夫なんだよ。ため息さえつけなくなるときがくる。そのときは危ない」と言われたのです。この言葉が妙に記憶に残りました。その後、私も年を重ねるごとにため息をつくことが多くなりました。そのたびに溝部司教の言葉を思い出します。そして自分に言い聞かせます。「まだ大丈夫だ」

もう一つは、二〇〇九年七月二十四日、高松教区で毎年夏に開催する幼稚園の教職員のための研修会が、この年は愛媛県の松山市で行われました。溝部司教は主催者代表として参加され、遅い夕食を取られた後、宿泊所のホテルのラウンジに私を誘われました。私は、たぶん司教が慰労してくださるのだと勝手に思い込み、同行しました。しばらく研修会等の話をしながら杯を重ねていたのですが、途中でポツリと驚くべき言葉を発せられたのです。

「多田さん、私はカトリックをやめようかと思ってるんだよ」

「えッ!」、私は思わず叫んでいました。言葉の真意が不明でどう答えていいものかもわからず、しばらく沈黙の時間が過ぎた後、「司教がカトリックをやめてどうされるんですか?」と返すのが精いっぱいだったのを覚えています。私は高松教区がさまざまな面で困難な状況に置かれていたのは承知していましたが、溝部司教がこの時期に具体的にどのような問題に直面しておられたのかは知る由もありませんでした。しかし、この言葉からして、人生の土台を揺るがすような危機に瀕しておられたことはおそらく間違いありません。その後、司教は司教職を全うされ、多くの人生を励まされ、多くの方に慕われて人生を終えられました。

「ただひとりあゆむ　日々のこみち　サンタ・マリアあなたと　……」

溝部司教が好んで歌われたこの曲を歌うとき、私は人生の危機を抱え、ため息をつきながら歩む司教を、そばで見守るマリアの姿を思い浮かべます。

（ただ・ひろし）

共にいてくださった時間の安心感

田上朝子

二〇〇五年八月にケルンで開催されたワールドユースデーには日本から約三百人の巡礼団が参加しました。参加期間に応じて四つのコースがあり、私が参加したコースには溝部司教が同行されていました。大会期間中の宿泊は主に体育館で、寝袋を広げられるスペースがパーソナルスペースです。シャワーは体育館のものを使いました。食事は配布された食券と引き替えに配給されるのですが、足りないこともしばしば。大会中の移動は徒歩または公共交通機関の利用で、溝部司教はこのような生活をごくごく当たり前のことのように私たちと共にしてくださいました。雑魚寝の体育館生活の中でも声をかけてくださり、日本からの参加者が集まって朝の祈りをしました。輪になって歌を歌い、心が落ち着いてくると静けさに包まれるのを感じました。この朝の祈りで歌った「神さまの望み」も私にとっては溝部司教との思い出の歌です。

ワールドユースデーでは教皇ミサの前の晩、ミサの会場としてつくられたマリエンフィールドで野宿をしました。臨時の停車駅から降りた後は道があるのかよくわからないまま、各々自分の荷物を背負い、前を行く人に従って歩きました。溝部司教はここでも私たちと一緒に歩いてくださいました。あとで聞いたところによると、司教がこうやって歩いていることは非常に珍しく、道すがらゆるしの秘跡を求める青年もいたとのこと。ケルン大会五日目のころには、この司教はいつも共にいてくださる方なのだとすっかり信頼を寄せるようになっていました。

溝部司教との思い出で忘れられないことをもう一つ。長年携わっていらしたペトロ岐部と一八七殉教者の列福決定の知らせを一緒に聞いたことです。ちょうどその日の午後、会議のために大名町教会にいらしていた溝部司教と教会近くの居酒屋で夕飯をいただいているときでした。列福決定を知らせる電話が同席していた司祭の携帯電話に入り、その知らせを受けた溝部司教の表情は、明らかに喜びと安堵感でいっぱいでした。その日の祝杯はまた格別で、列福のための作業はどれだけ大変でご苦労があったかと思いますが、そういうことはまったくおっしゃいませんでした。

現在、大学の学生課というところで働いています。若い学生との接し方はこちらが年を重ねるたびに迷い、悩みが生じてきます。「共にいる」というのは本当に難しいことだと感じます。それでも溝部司教が私たちと共にいてくださった時間の安心感を思い出すと、私にできることに取り組もうと励ましてもらっているような気がします。

（たのうえ・あさこ）

食卓を囲むこと

佃 佳子

溝部司教の出会いは、二〇〇四年七月十九日、高松教区着座式でした。どんな人が着座されるのかと軽い気持ちで参列したことを覚えています。たくさんの人が参列していたなかで一緒に撮った写真がカトリック新聞に載り、この出会いがきっかけで私は溝部っ子になりました。当時二十四歳だった私は、人生をどう生きたら良いのかわからず溝部司教に相談しました。「こうしなさい」とは決して言わず、一緒に祈り、食事をし、旅に連れ出し、今でも大切な祈りの友達も紹介してくださいました。

その後家庭をもち、溝部司教の教えが一つ、わかりました。それは「食卓を囲む」こと。生活の中ではさまざまな出来事があり、子どもたちも学校生活ではいろいろなことがあります。そこで一緒に食事をすると、気持ちが落ち着いたり、楽しい会話ができたり、また頑張ろう！と思えるのでしょう、元気になるのが早いです。私が料理上手ならなおよいのですが。毎日慌ただしく、でも元気に過ごしています。家族っていいですね。ゆるし合えるのですから。

（つくだ・よしこ）

桜町教会でのお説教

長谷川 聖

溝部司教には、酒席でご一緒した折など、いろいろとお話を聞かせていただきました。いつもいただくばかりでしたが、一つだけ司教のお手伝いができたらしいのは、説教の文字起こしをしたことでした。

私は、溝部司教が高松におられた間、桜町教会での説教を中心にミサ中録音したものを文字起こしして文章化していました。文章化した説教は毎回確認していただきましたが、溝部司教はしっかりと目をとおしてくださり、校正してくださいました。できあがったものは、私が読んでいるだけではもったいないので、インターネットで紹介しました。

録音状態が悪く、聞き取れないところを前後の繋がりで想像したり、わからない言葉をインターネットで検索したり、少々苦労することもありましたが、お陰で何度も繰り返し聞くことができ、深く味わうことができました。ときには、私が録音できなかった説教を聞かれた方が、文字起こしして送ってくださることもありました。

振り返ってみると、百回以上の説教を文章にしているのですが、なぜそんなことを始めたのか、きっかけは思い出せません。溝部司教から頼まれたのではないように思うのですが、自分に与えられた役割と考えて一生懸命文字起こしをしていました。

溝部司教の説教を多くの方に見ていただけるよう高松教区のホームページに掲載したこと、また後には説教集として書籍にもなったことで、少しは溝部司教のお手伝いができたのではないかと思っています。

（はせがわ・ひじり）

アシステンツァ（Assistenza）

メリー・ギリス

溝部脩司教に初めてお会いしたのは一九九〇年代でしたが、それ以前にも私たちの修道会、コングレガシオン・ド・ノートルダムの中でたびたび耳にしたお名前でした。というのは私たちの修道会の日本管区本部は東京都調布市ですし、大分市のミッション（一九七〇〜一九九六）のときも大変お世話になっていました。仙台教区の司教になられたとき、私は福島市の桜の聖母学院に勤めていました。何年度だったのかはっきり覚えていませんが、年度初めに幼稚園から短期大学までの教職員の集いで「ドン・ボスコの教育」について溝部司教が講演されました。そのときから「アシステンツァ」という言葉は私の心に刻まれています。

高松教区で溝部司教の下で働くようになったときから、溝部司教の司牧者としてのかかわり方のなかで「アシステンツァ」の生きた姿を体験しました。すべての人に対してもそうでしたが、特に青少年に対して、惜しみなくご自分のすべてをささげる姿でした。

イタリア語の assistenza の翻訳を調べると「支え、助け、励まし、守り」などが出てきます。すなわち相手を中心とする態度です。集まってくるグループは心地好く自然体でその場にいられ、自分たちでイニシアチブが取れる状態であることを何回も目の当たりにしました。溝部司教がその場にいるだけで安心感が生まれていたと感じました。そして自ら手作りのおやつを用意することも多くありました。

ご病気になってから、お見舞いのためにある日曜日に京都の望洋庵を訪れたことがありました。玄関に立ったとき、青年たちの歌声が聞こえてきました。溝部司教の好きな「巡礼の歌」を歌っていました。溝部司教は休んでいらっしゃったのですが、集まって祈っている青年たちの姿でした。その後食事作りなど、自分たちなりにいろいろなことに取り組んでいました。高松のときと同じように、溝部司教はいるだけで皆が安心であるという姿でした。

歴史学者、神学者、聖書学者である溝部司教をとおして聖書講座、殉教者の生き方、教会論をたくさん学びました。しかし何よりも大切にしている思い出は、イエスが言う「善き牧者」でいらした溝部司教の「アシステンツァ」の姿です。

(Mary Gillis)

「サンタ・マリア」の思い出

望月典子

溝部司教と言えば聖歌「サンタ・マリア」が思い出されますが、実は溝部司教がこの聖歌を知ったのは「ペトロ岐部と一八七殉教者列福御礼」の巡礼ツアーのときです。ツアーの聖歌集に記載されていた楽譜を見て、「望月さん、この聖歌知ってる?」と聞かれ、「知りません」と答えると、溝部司教が「私も初めて見た。じゃあ、バスの中で練習しよう」と言われました。バスの中では、「ここはのばさないで、短く話しかけるように」とか「ここは明るく軽やかに」とか「歌詞は一番だけかな」等、いろいろと言いながら練習しました。

帰国してからも溝部司教にお会いすると、「サンタ・マリア覚えてる?」と言われ、レストランで一緒に口ずさんだりしました。ここ数年、清水教会では聖母マリアにかかわる月の第二週の主日は、聖体拝領のとき「サンタ・マリア」をスペイン語と日本語で歌っています。私は溝部司教と「ペトロ岐部と一八七殉教者列福御礼」の巡礼で初めてお目にかかりました。とても短い年月でしたが、「サンタ・マリア」で繋がっているいちばんの思い出です。

(もちづき・のりこ)

「もらうばかりの信仰ではだめですよ」

山口文子

溝部司教とは、高松教区長として着座されてから七年余りを青少年司牧のメンバーとして共に過ごさせていただきました。司教の周りには、いつも青年が群れていて、楽しかった思い出ばかりが蘇ります。

着座後すぐ、ＷＹＤケルン大会への参加を呼びかけられ、準備会では仙台からの青年も合流し、高松教区にこんなに青年がいたかなと思うほどいっぺんに活気づきました。「ケルンで踊るから山口さん、阿波踊りを皆に特訓して」と駆り出されたのを思い出します。その後も「今日は、桜町の聖母幼稚園の先生方の聖書講座が最終回だから、寂しくならないように、阿波踊りで盛り上げてよ」とか何かと阿波踊り要員として起用され……。そんなとき、溝部司教はいつも自らスパゲッティやラザニアを作られました。共にする食卓の温かさにイエスの風を感じたものです。

「もらうばかりの信仰ではだめですよ」と私たちを諭された溝部司教ですが、司教からはたくさんのものをいただくばかりでした。高松教区の再生のために呼び集められた神父、シスター、神学生等に助けられ、現在の青少年司牧委員会の基礎がつくられました。

また、徳島小教区のファミリーキャンプも楽しい思い出です。溝部司教は聖劇では嬉々として悪魔の役を演じられるというお茶目な一面もありました。「来年は、もっとたくさんの人に参加してもらいましょう」と高松の東讃ブロックと合同でのキャンプも実現しました。司祭の演じる女形聖母マリアや漁師さんなど、今も語り草となっています。

溝部司教と共に歩んだ道は、「サンタ・マリア」の歌のように、新しい世界を信じて進む！勇気や希望にあふれ、予期せぬ喜びが多くありました。当時、高松教区が抱えているさまざまな問題を解決するために重い十字架を担われていたでしょうに、そんな苦労など、青年たちといるときには少しも感じさせませんでした。

溝部司教は、高松教区長を退任された後、京都望洋庵を開かれるまでの数カ月を高知で過ごされました。そのときに「遊びにいらっしゃい」と声をかけてくださり、泊めてもらった修道院で感謝の気持ちを込めて肩を揉ませていただきました。その肩の温もりと小さくまあるくなった背中を今も忘れません。あなたが誇りをもって歩まれた主イエス・キリストへの信仰の道を、私もあなたの背中に学びつつ、これからも歩んでいきたいと思います。

（やまぐち・ふみこ）

溝部司教の人柄に触れて

西川康廣

私が初めて個人的に溝部脩司教と会ったのは二〇〇四年夏、第一印象は威厳に満ちた近寄りがたい風貌に存在感が大きく、さっと飛び込んでいける感じの方ではなかった。ある日、主日ミサ終了後に聖堂を出ようとした私に、溝部司教は背後から近づき肩をポンと叩いて声をかけてくれた。「一緒に昼食でも食べませんか、私が何かを作りますから」

こうして司教館三階食堂で一緒にチャーハンを食べながら、私が知るかぎりの高松教区の歴史について長い時間語り合った。これがきっかけで徐々に溝部司教のいろいろな面に触れ、お互いの距離感も徐々に縮まり、自由に語り合うことができるようになっていった。ときには酒を酌み交わしながら、教会組織の中で背負う肩書も何もかも脱ぎ捨て、兄弟的なかかわりで接していただいた。

ある青年が小教区報、「溝部司教を偲んで」というタイトルで「いちばんの思い出は、友達と京都の望洋庵を訪ね、一泊させていただいたとき、溝部司教が手作りでスコーンを作ってくださった。美味しいお菓子を食べながら楽しいひとときを過ごしたことを思い出す」と書いていた。私も溝部司教のエサ蒔きによって出会いがあり、あの撒き餌がなかったら高松教区にいなかったと思う。溝部司教の「一緒に食事をし、分かち合い、祈ることによって共同体をつくるんだよ」という言葉を思い出す。還暦を迎えた私のために、自らの手でご馳走を作り、司教館のみんなで祝ってくださった。時折大祝日にもご馳走を作っては、司教館のみんなを招待し、食事の後には必ず食堂の明かりを落として、一人ひとりが振り返りの一言を分かち合う、これが溝部流の共同体づくりだった。

多彩な分野での豊富な知識と経験に基づき、霊的にも多くのことを学ばせていただいた。自分らしく誠実に生きることの大切さを身をもって教えてくださった溝部司教、彼がいつも側にいてくださったからこそ今の自分が在る。たとえ弱さや欠点があっても、誠実に生きる者にはとことん信頼し、どんな重大なことも任せてくださった。

事務局長の仕事は「教会法」と「国内法」に忠実でなければならないと言われたことは、教訓として真摯に受け取っている。忠実とは、ただ真面目にやればよいのではなく、キラリと光る何かがあってこそ、その人らしさをつくっていくものだと言われた。聖書にイエスと若者の出会いの話があるが、まさにそのことを反映していると思う。若者が「永遠の生命に入るためにはどうすればよいか」と問うと、イエスは「神の十戒を守りなさい」と言う。「子どものころから忠実に守っている」と答え若者は、「持ち物を全部売ってわたしに従って来なさい」と言われたイエスに従えなかった。忠実さのうえに光るものがあって、その積み重ねが自分らしさをつくっていくことを生涯大切に温めていきたい。

溝部司教が高松教区を引退後、名誉司教としてしばらくの間、高知県の中島町教会に居を移し協力者司祭として生活されていた。ある日、私は中島町教会の黙想指導を頼まれ、土曜日のプログラムを終了後、溝部司教と酒を酌み交わしながら夕食を共にした。時計の針が深夜十二時を回ったころ、翌日の黙想会に支障がないようにと思い、「もう寝ましょう」と言うと、溝部司教は「これからだよ」と言ってさらにもう一本を持ち込み、結局は深夜二時ごろまで飲んだことを覚えている。溝部司教と酒を酌み交わしながら話をすると、お風呂場と同じように、いつもそこでは〝裸の付き合い〟ができた。こよなく酒を愛したが、決して酒に飲まれることがなかった溝部司教は立派だった。いつも「主／酒」がそばにおられるような感じだった。

「若者のために自分の生涯のすべてをささげたい」（遺言の言葉より）、この溝部司教の強い思いは生涯変わることがなかった。入院先の京都の病院で徐々に弱りゆく溝部司教に、一緒に高松へ帰ろうと伝えたとき、「望洋庵」で導いた青年が復活祭に洗礼を受けるのでどうしても見届けたい、その後、自分の最期と向き合うために高松へ帰りたいと返事をされた。溝部司教は、壮烈な痛みに耐えながら最後まで神のみ旨のままに人生を全うされた。こうして二〇一六年二月二十九日、午後七時過ぎ京都において静かに神の御許へお帰りになった。

二〇〇四年に仙台教区から高松教区に着座され、七年間の短い間ではあったが、この間に溝部司教が取り組んで来られたことは、ドン・ボスコの精神に基づく若者の育成だった。溝部司教が高松教区の現役司教時代に、韓国・ベトナムそして三重県から、それぞれ一人ずつ計三名の神学生を育てて来られたが、三名とも今は司祭叙階の恵みに与かり、亡き溝部司教の精神をしっかり引き継いでいる。溝部司教の思いはこれからも彼らをとおして次の世代へと受け継がれていくことだろう。

私は溝部司教によって高松教区で最初に叙階された助祭であり、私の後に谷口広海助祭（長崎）、そして神のお望みであれば今さらに二人の助祭が誕生することになる。パウロはコリントの教会への手紙で、「わたしは植え、アポロは水を注いだ。しかし成長させてくださったのは神です。大切なのは植える者でも、水を注ぐ者でもなく、成長させてくださる神です。植える者と水を注ぐ者は一つですが、それぞれの働きに応じて自分の報酬を受けることになりますが、わたしたちは神のために力を合わせて働く者である」と述べているが、溝部司教もパウロと同じ思いをもって若者たちへ召命への道へ紹介されていったと思う。

溝部脩司教は高松教区のみならず、多くの日本の教会からどれほど愛されていたことか、通夜・葬儀をとおして見届けることができた。

（にしかわ・やすひろ）

望洋庵について

溝部司教の言葉

二〇一一年に高松司教を引退してからしばらく高知にいて、これからの人生で何をしようか考えました。桂浜で海を眺めながら、やはり自分はサレジオ会員として青年たちと一緒に生きてきたので、最後まで青年と一緒に生きてみようかなと思いました。昔みたいにバスケットをしたり、山に登ることはできません。できるのは何かと考えたときに、若者の霊的指導、霊的同伴だと思い至りました。今までの司牧経験を生かして、一人ひとりとゆっくり人生の生き方を語ったり、福音の分かち合いする庵をつくってみたいと思いました。たまたま京都の西陣教会にある築百八年の家を大塚司教が提供してくださいました。条件も整い、ここでやっていこうと「望洋庵」と名づけて出発しました。

「望」は希望のこと。暗いと嘆く代わりに明るい未来に生きたいという若者にこの庵は開かれています。「洋」は桂浜で眺めた太洋のように、広く大きく生きることを願っている若者と将来を分かち合っていこうという意味が込められています。そして「庵」は、静寂と癒しの空間の中で、慌ただしい日常を離れて静かに祈ることを意味します。単に楽しいだけでなく、祈りと分かち合いの空間です。

第六章

望洋庵

フランシスコ・ザベリオ溝部脩司教追悼

大塚喜直

わたくしが溝部司教とご一緒するようになったのは、二〇〇〇年に仙台教区司教に就任されてからです。その四年後、高松教区の司教に任命され、七十五歳の司教定年まで七年間高松教区長を務められ、引退後、京都で「望洋庵」を始められて丸四年庵主を務められました。溝部司教は司教団の中ではキリシタン研究の専門家として、「ペトロ岐部と一八七殉教者」と「ユスト高山右近」の列福申請という大変貴重な仕事をされました。溝部司教の指導なしには、二つの列福は実現しなかったでしょう。

わたくしも同じ列聖推進委員会で六年間一緒に右近のことを勉強させていただき、とても貴重な体験でした。さらに日本カトリック学校教育委員会での活躍、また日本カトリック神学院の委員会では卓越した養成者としての視点で日本の司祭養成のために貢献されました。高松教区司教時代は、大阪管区司教団としてもご一緒しました。高松では新求道共同体のことで教区の一致を築くために、本当にご苦労されました。

高松教区長を引退後、京都で始められた「望洋庵」の活動は、サレジオ会のカリスマである青少年司牧のまさに集大成となりました。それこそ二十四時間、青年と携帯電話で連絡をとり、若者にも通じる言葉で優しく、根気強く、父のように語られるその姿に、青年だけでなく多くの人々は魅了されました。嬉しいことに「望洋庵」は、今も青年たちの祈りと出会いの場として、活発な活動を続けています。望洋庵の玄関にある写真の中から、今もにっこり微笑んで「やあ、こんにちは」と訪れる人たちを迎えてくださいます。溝部司教は、パウロが言う「キリストという服を着て」、「キリストと繫がる」秘訣をきっとご存じだったのでしょう。青年たちには、みことばを読み、黙想し、祈り、キリストに繫がって生きることを、丁寧に教えられました。

溝部司教は、修道者として司牧者として、実に多くの責務を忠実に果たされましたが、その素晴らしさは、一つひとつの仕事をするために出会うすべての人を心から愛し、いつも忍耐と慈愛をもって接してくださったことです。だから、素晴らしい司教なのです。

溝部司教は、どれほどわたくしたちのことを愛しておられたことでしょう。どれほど、わたくしたちのことを大切に思っておられたことでしょう。わたくしたちは、溝部司教からいただいた愛と教えを心に刻み、大切にしながら、それぞれ自分の生き方をとおして、周りの人にそれらを伝えていくことで、溝部司教への感謝を表したいと思います。

（おおつか・よしなお）

温かな手と笑顔

青木綾乃

溝部師のことを思い、目を閉じると、あの温かく肉厚の手の平と茶目っ気たっぷりの笑顔が思い出される。社会人になりたてのころ私はずっと教会離れをしていた。家族でお世話になっていた溝部神父が私にきっかけをくださり、そこから教会が大好きになって青年活動に夢中になって、私の人生は大きく変わった。青年時代に溝部神父と再び出会い親しくなり、共に過ごす時間が増えていった。ストラを脱いでいるときの温和なおじいちゃんの姿と、ストラをまとい、司祭としての威厳ある姿、どちらも魅力的だった。その言葉はいつも私の心にちょうど今！というタイミングでときに優しく、ときにチクッ、グサッと胸にきた。私は溝部神父のミサがとても好きだった。ミサに向かう姿、あの手をとおして聖霊が働いていると実感できたし、ミサ中での「祈りましょう」の言葉が私を静かな深い神との交わりの世界へ導き、大切な生きる糧となった。

司教職を退き、人生の最後に選んだ青年と共に過ごす祈りの家、望洋庵。望洋庵を立ち上げる前に、修道者や青年を数人呼んで、どのようなことをしたいか一緒に夢を語り合った。溝部司教は青年一人ひとりを信頼して、委ねることをいつもしてくれた。黙想会の講話を任せ、これから始まる青年との家で何をしたいか夢を語ってくれと意見を求める。自分でやれば手間もなくやれてしまうのに、いつも青年の思いを大事にして信頼してくれる。あの温かな手と笑顔、美味しい食事、お酒でたくさんの人を受け入れてくれた。出会った人とずっと丁寧に繋がり続け、必要な手助けを惜しまなかった。優しい、楽しいだけでなく、本物を常に見せて与えてくれた。これからの教会、社会の中で若者のもつ力の必要性を熱く思い、伝え、共に歩み続けてくれた。

私が溝部司教から受け取ったものはとても大きく、まだまだ理解できていないところもある。今、私は結婚し、妻となり、子をもつ母となった。溝部司教が亡くなった後も、夫婦でいただいたものを思い出し、かみ砕きながら日々を生きている。そしてこの恩返しは、まず神から預かっている私の子どもたちへ、そして、私の周りにいる人、これから出会う人々へ少しずつでも返していけたらと思っている。

（あおき・あやの）

ドン・ボスコと同じことをしている

赤波江公樹

「ひろき、ゆかこ」、今でも、あの穏やかな口調で私たちの名前を呼ぶ溝部司教の声を思い出します。宮崎県出身の私と大阪府出身の妻、由香子との仲をとりもってくださいました。結婚講座は私たちを含めた三組のために一泊二日で開催されました。そこでは黙想をとおして、今まで生きてきた人生を振り返り、かかわってくれた多くの人に感謝すること、そして結婚の意義について説いてくださいました。私が特に印象に残っているのは、結婚とは「奇跡」なんだということ。結婚は神の思し召しでするもので、さまざまな困難なことがこれからあるけれど、その困難を避けるのではなく、二人で乗り越えていくことを教えられました。

今、私は宮崎県の日向学院で教師をしています。ミッションスクールですが、約七十名の教職員のうち、カトリック信者は私を含めて二人、また、洗礼を受けようという生徒は私が就職してから一人も出ていません。しかし、溝部司教は望洋庵で多くの大学生を集め、聖書講座を開き、学生たちが次々と洗礼を受け、なかには司祭まで志望するという、私からしたら偉業を成し遂げていました。その様子を見て、私も少なくとも教職員が少しでも聖書に関心をもってもらいたいと思い、聖書研究会を立ち上げようと考えていました。そこで、どうすれば望洋庵のように、みんなが集まり、洗礼を受けよう思うのか、その秘訣を聞いてみたときのことです。溝部司教はニヤっと笑い、「公樹、簡単だよ……。メシを食わせるんだ」。正直、それだけ？と驚きました。しかし、よく考えてみると、ドン・ボスコも初めは、貧しい青少年たちを食事やおやつに誘い、そして共に祈るという活動をしていました。溝部司教はドン・ボスコと同じことをしているんだ。お腹とともに心が飢えている人たちに、温かく声をかけていくことが大切なんだ、と知ることができました。

おかげさまで、現在日向学院では修道院の協力のもと、月に一回教職員の有志で聖書研究会を開くことができています。聖書をとおして、お互いの悩みを打ち明け、夕食を共にする有意義な時間を過ごしています。

溝部司教からはまだまだ多くのことを学びたかったのですが、あまりにも早く亡くなってしまいました。亡くなられたとき、妻のお腹の中には娘が宿っていました。溝部司教に洗礼を授けてもらいたかったと、非常に残念な気持ちでいっぱいですが、天国で、また私たちの心の中で、いつまでも生き続けています。

（あかばえ・ひろき）

焼き尽くすいけにえ

碇　政子

小学校のころ、どうしても理解できない教会用語がありました。聖書朗読のとき、主任司祭神父が使われる「いけにえ」という言葉です。私の頭の中で「いけにえ」と言う言葉がグルグルとり回り始め拡大していくのです。ですからそれから先の「みことば」は入ってきません。「いけにえ」とは何か？　何のためにあるのか？　誰がささげて、誰が受け取るのか……、恥ずかしいことにこの疑問は修道者になってももち続けました。修道生活は復活したイエスとともに今の世に父である神を証しすることだと思っていますから「動物の焼き尽くすいけにえ」とは結びつかなかったのです。

二〇一五年の一月のある日、名古屋本部で当時の管区長が私に言いました。

「青年のための〝聖書の学び〟を始めるために、京都にある望洋庵に行ってみませんか」

この時期に行われる青年たちの聖書の学びに合流し、溝部司教がなさっていた勉強会を研修するのが目的でした。望洋庵の玄関で「こんにちは」と大声をあげました。溝部司教は、げた箱の横に立っておられました。何の緊張も気負いもなく、ずっと昔から知っている方のように

「やれやれやっと着いた」と私は話し始めました。この日は多くの大学がテスト中で「何人の若者が来るのかわからないよ」とおっしゃいました。

晩課の祈りが終わるころ、青年たちがやって来ました。ここからが私の驚きの始まりです。その数を思わず数えてしまいました。そして何が起こっているのか知りたいと思い溝部司教の言動と青年たちの動きをとことん観察したことを覚えています。

それからほぼ一年後の二〇一六年二月二十九日に病状を伺い病室に入ったとき、溝部司教は体に管をつけておられ大きな機械の音がしていました。看護師の私から見たら臨終間際の溝部司教は、まるで何かをしているような、そう、「いけにえ」をささげておられるのではないか、それもご自分。職業上たくさんの臨終に隣席しましたがこれは初めての体験で、その場所にくぎづけになった私は動けませんでした。新幹線に乗るのをぎりぎりまで延ばし、病室を飛び出しました。

溝部司教は「いけにえ」をささげ、「いけにえ」になって、その生涯を私たちのために渡されようとしていました。「焼き尽くすいけにえ」とは「愛する人たちのために自分の全生涯を渡すこと」だったのです。長年もっていた疑問の答えをいただきました。

（いかり・まさこ）

「わたしは主を見ました」

石井承子

京都の地、望洋庵で始まった私の信仰生活は、溝部司教を抜きにはあり得ず、語れないものです。進学で京都に来たころ、私は夢が叶った喜びと同時に、十年ほど前の人間関係のトラブルの後遺症で人を信じることが難しく、いつも孤独感や息苦しさを感じていました。また、誰かに深く愛されたいという強い欲求もあり、いつも生きづらさを抱えていました。ＳＮＳで知り合ったシスターに紹介されて望洋庵を訪ねたのは梅雨の走りのころでした。

イエスと出会うきっかけをくださったのは「イエスの『わたしは道であり、真理であり、命である』（ヨハネ14・6）という『道』は、どんな道だと思いますか。きれいに整備された道の向こうでイエスが『おいで』と手を振っている、そんな道だと思いますか。私はそうではないと思っています。イエスは曲がりくねって石や砂利だらけな山道を皆さんの隣で一緒に歩いてくださる方なんですよ」という溝部司教の説教でした。それまで何度か講座に参加し、ミサにも与っていましたが、イエスのイメージは先立って歩く人であり、追いかける私には背中しか見えていませんでした。しかしこれを境にそのイメージはガラリと変わりました。イエスは私のそばにいる。私は決して独りじゃない。洗礼を受けたいという望みが芽生えたのは、それから間もなくのことです。

しかし本当に心から切望したのは溝部司教の仮通夜ミサのときでした。司式された大塚司教によれば、溝部司教は主治医からホスピスへの転院を勧められたそうですが、私を含めた三人の青年に洗礼を授けてから転院することを決めていたそうです。溝部司教が私に洗礼を授けることを楽しみにしていることは、たびたびシスターから聞いていました。ですが当時の私は、溝部司教の青年に対する思いがどれほどのものか、まったくわかっていませんでした。癌を発病されたことも死期が迫っていることもどこか実感が乏しく他人事。およそ二年間ずっと愛され続けていたにもかかわらず、お見舞いにも行かずじまいでした。

ところが、まるで師を裏切り、逃げ出した使徒の一人のような私を、溝部司教はイエスの如く自分のいのちをかけて愛してくださったのです。そのおよそ一カ月後に洗礼の恵みをいただいたことは、愛の賜物以外の何ものでもありません。溝部司教には講座をとおしてミサの説教をとおして、生き様をとおしてさまざまなことを教えていただきました。現在私は社会人として生きていますが、それらの教えは今も心の支えになっています。

（いしい・しょうこ）

高山右近の霊性

岩本　稔

初めての出会いは二〇一一年にフィリピンへの高山右近列福祈願巡礼の旅に参加したときでした。私も列福運動に少しかかわっていたので、溝部司教が右近列福の申請書を手掛けられていることを承知していました。学者をイメージしていたのですが、お目にかかってみると、いつもニコニコと誰とでも親しげにお話をしてくださり優しいおじいさんというのが第一印象でした。そして、巡礼の旅とは決して物見遊山ではなく、その時代にこの地でかの人たちが何を思い祈ったのかを感じ黙想することが重要なことなんですよ、と言われた言葉を今も大事にしています。

奈良ブロックで高山右近についての講演会をお願いしたところ、お忙しいなか、快くお引き受けくださり感謝の念に堪えませんでした。そのほか何度か高山右近のお話を伺う機会がありました。溝部司教はいつも右近の霊性こそが現代に生きる私たちの信仰に受け継がれているのだと話されました。決して学者としてではなく、神から与えられた伝承者として神の目をとおして話してくださったと思います。

それまでの私は、右近に対し、歴史に刻まれる通り一遍の認識でしたが、溝部司教から右近の霊性の話を聞くにつれ、右近の信仰は表面的なことだけではなく、奥深いものだと感じるようになり、私は列福をさらに強く願うようになりました。

二〇一六年、愛媛の松山で行われた溝部司教の喜寿のお祝いには、全国各地から溝部司教を慕う人が大勢集まり、それぞれの人が自発的に余興を準備し祝う会が盛り上がったのには、いささか驚きました。そしてセレモニーの後、ホテルの溝部司教の部屋で改めて祝杯をあげ、夜遅くまで楽しい時間を過ごさせていただいたことも思い出深いものとなりました。

溝部司教が病魔に倒れたときは、どうか列福式まではと祈ったものですが、残念ながらそれは叶うことはありませんでした。二〇一七年の列福式のときは、もし溝部司教がご存命ならば、どれほど喜ばれたことだろうと思ったものです。

しかし、今にして思えば溝部司教の意思は望洋庵の若者に代表されるように多くの若者に、そして私たちに引き継がれ、右近列聖に向け脈々と受け継がれていると思います。今は天国から神の仲介者として、右近の伝承者として、右近列聖を私たちとともに祈っていらっしゃると思います。

（いわもと・みのる）

愛し、愛される人であれ――若者と共に、若者のために　大川千寿

「今日はどうだった？」、溝部司教が天国へと旅立たれる約三カ月前の二〇一五年十一月、東京カテドラル聖マリア大聖堂でサレジオ会創立者ドン・ボスコの生誕二百周年を締めくくる行事が行われました。その帰路に、溝部司教からかかってきた電話の第一声がこれでした。

実は溝部司教は、この日の閉幕ミサの司式を快諾してくださっていました。しかし、すでに体の具合が思わしくなく、それは叶いませんでした。そんななかで溝部司教は、最晩年に青年たちと共に発足させた祈りの家である望洋庵からも若者を派遣するなど、この記念すべきイベントを特に気にかけていたのでした。

溝部師は「若者と共に、若者のために」生涯をささげるという会の使命に忠実に、青年たちとの交わりを大切にしながら、福音の精神を深め、人々に伝えられました。司教として教会全体の宣教司牧に献身されることになった後も、最後まで一貫して取り組まれたのが、青少年の育成でした。私は溝部司教が七十代になられてから出会い、ご指導いただきました。二〇一四年二月に京都で行われた溝部司教の司祭叙階金祝の祝賀会には、地域・年齢・立場など多様な

人々が、会場に入りきれないほど集まり、司教ご自身も驚いておられました。

溝部司教のもとには多くの人が惹きつけられました。ドン・ボスコの言葉に、「愛するだけでは足りない。愛されているとわかるように愛さなければならない」というものがあります。目の前にいる相手を心から愛していることが伝わったら、相手は自分に親しみを覚え、自分を愛してくれるようになる。人を心から愛することによって、周りから愛される人になるのです。人間にとって本当に大切な福音を伝えるにあたって、イエスのように、ドン・ボスコのように、愛し、愛される人であること。これが、溝部司教が全うされたことだったのだと思います。

二〇一三年に行われた私と妻の暁子との結婚式ミサで、溝部司教は「今日、二人は永遠の愛を誓います。これは、何か壮大で抽象的なものではなくて、『これからの毎日の生活の中で、神さま、あなただけを見つめます』という誓いなのです」とおっしゃいました。その後、二人の子どもに恵まれ、溝部司教にも一度抱いていただいた長男は、幼稚園児となりました。神の愛に支えられた、日々の小さくとも具体的な愛こそが、私たちをよりよい未来へと導く。このことを改めて噛みしめながら、溝部司教への感謝とともに、その志・霊性に少しでも倣い歩んでいけたらと願っています。

（おおかわ・ちひろ）

キリシタン史研究の道標

大津祐司

私が溝部脩神父のお名前を知ったのは、一九九三年四月に大分県先哲叢書ペトロ岐部篇の事務局を担当し、豊後キリシタン史を勉強するようになってからのことです。そのとき初めて、大分県立図書館に遺された「豊後キリシタン年代記」などをとおして触れた、溝部神父の緻密な研究は私のその後の指針となりました。

時を経て、二〇〇一年にザビエルの豊後訪問四百五十周年を記念した企画展「豊後キリスト教史」を担当することになり、調布のサレジオ神学院からマレガ文書をお借りして展示紹介できたらと考えました。マレガ文書とは、戦前・戦後に大分で布教し、『豊後切支丹史料』を刊行したサレジオ会宣教師マリオ・マレガ神父が収集された文書群のことです。溝部神父がマレガ文書の所在を探求し続けられたこと、そして調布のサレジオ神学院でその一部を発見されたこと等を一緒に調査された方から聞いていたので思い切って当時仙台司教だった溝部師に電話をいたしました。当方の不躾な願いにもかかわらず、優しくご指導・ご助言いただき、私とマレガ文書を繋げていただきました。

その後、仕事の関係でキリシタン史研究以外に力を注がねばならなくなり、溝部司教にもご無沙汰をしていましたが、二〇一一年に先哲史料館に突然お電話があり、来館されました。その年にバチカン図書館で発見されたキリシタン禁制に関する歴史的資料について、「大分県関係のマレガ文書に違いないので一緒に調査を」というお誘いでした。当時のバチカン図書館長ファリーナ枢機卿が溝部師のご学友だったこともあり、また、溝部師ご自身が健康に自信のある間にバチカンでの調査をというご希望でした。残念ながら私は父の体調のこともあり国内を離れることができず、当時の大分県立先哲史料館館長と研究員がバチカンに同行しました。

その後、二〇一三年には国文学研究資料館を中心に国内外から多数の研究者が参加してマレガ文書の調査・研究のためのマレガ・プロジェクトがスタート。調布のサレジオ神学院に保管されていたマレガ文書もサレジオ大学を経てバチカン図書館に収蔵され、総点数は一万四千点に及びます。私も二〇一四年から四年間、バチカン図書館での調査とシンポジウムや研究会に参加する機会を得て少しずつ史料の解読や分析を行い、また、二〇一九年の秋には大分で国際シンポジウムを開催するなど、マレガ・プロジェクトも進展を見せています。

キリシタン史研究の方向性と史料を示していただいた溝部司教に感謝の思いを伝えるとともに、キリシタン史研究を今後も継続していくことをお約束して筆を擱きます。

（おおつ・ゆうじ）

溝部司教と右近

岡本　稔

「心のともしび『高山右近』の収録があるから京都においで」と溝部司教に誘われました。帰天される直前のことでした。用事があり、伺うことができませんでした。Youtube「高山右近」の録画を見るたびにこのことを思い出します。右近の列福がフランシスコ教皇に承認された翌日、「いろいろあったけど良かったね」とメールをいただきました。私にとって最後の交信となりました。

バチカンからヴィットウェル神父が来日され、サクラファミリアで合同の講演会が開催されたとき「できるだけ早くここに来てほしい」と電話があり、急いで駆けつけました。大阪教区から依頼されたラウレス神父著の『高山右近の生涯』（松田毅一訳、一九四八年刊行）の現代語再版についてのことでした。溝部司教が監修され、高槻の高山右近研究会の仲間も参加し、完成間近でしたが、「必ず、この本を出版してほしい」と、改めて依頼されました。二〇一六年に出版された『高山右近の生涯――日本初期キリスト教史』（聖母の騎士社）は、司教が最後まで深くかかわられた思い出の本となりました。

一五七三年、高槻城で和田惟長と高山親子の刃傷事件が起きました。翌年カブラル神父は、京都で二回目に信長と会った後、高槻城で右近と長い時間を過ごし、「領主であるジュスト右近殿に、改めてキリシタンの教理の説教を聞かせたく思ったからである」とフロイス神父の「日本史」に書かれています。日本にまだ翻訳された聖書もない時代に「右近は、キリスト教の本質をカブラル神父から学んだ」と溝部司教がよく口にされていました。

高槻教会に入ると、すぐ右手にある「顕彰碑」に田口芳五郎枢機卿の碑文、『聖書にいわく人もし全世界を手にすとも、その魂を失わば何の益があらん』（マタイ十六章）と記されています。一五八七年、博多で伴天連追放令が出る直前、秀吉から棄教を迫られたときの右近の言葉です。右近は即座に断り、自分の十字架を背負います。「決してキリスト教を棄てることができない」、右近は受洗後二十年以上かかってここに到達したと言われています。

溝部司教は、右近の列福を、ご自分のライフワークにしたいと願っておられました。「殉教とは、日々、キリストの十字架を共に背負って生きていくこと」……いつもこのことを語られ、実践され、祈り続けられた溝部司教の姿に、右近の姿が重なります。溝部司教をとおして証しされた神の御心に、私も心から委ねて生きていくことができますように！

（おかもと・みのる）

成し遂げられた四つの作品

貞住武彦

あの日（二〇一六年二月二十九日）、望洋庵は純白の雪に覆われました。望洋庵のルルドのマリアが見守るなか、白い衣の何万という雪の精たちが溝部司教を天の国へ導かれました。望洋庵の御聖堂に安置された溝部司教のお顔は、病に苦しんだ表情は消え、古代ギリシャの哲学者を思わせる威厳に満ち、主の使命を成し遂げられた満足感に包まれていました。

溝部司教は、望洋庵の三年間、四つの作品を完成されました。一つ目は『高山右近列福申請書』です。ある朝、溝部司教は真っ赤な分厚い一冊の本を食卓の上に無言で置かれ、さあ読んでごらん、と嬉しそうな眼差しで促されました。でも、なぜか手が出ません。この本からは不思議なオーラのようなものが発散していたのです。溝部司教の三十数年にわたる研究の成果、高山右近の列福を思う多くの人の願い、右近を慕ったキリスト教徒の思いが、この一冊に込められているのですから。溝部司教がページをめくりながら、一言、「列福が決まったよ」と語られたときの顔は忘れることができません。申請書はラテン語、英語、ドイツ語など六カ国語で書かれ、各国語の終わりには溝部司教のサインが記されていました。

二つ目は『青年と読む マルコによる福音』です。この本は溝部司教の優れた神学的智見から書かれたということだけでなく、望洋庵に集まった青年たちとともに福音書を読み、その分かち合いの中から執筆されていったものです。青年たちのほとんどは、聖書に触れるのが初めての未信者でした。その青年たちの自由闊達な分かち合いに耳を傾け、青年たちの悩みや思いを心で受け留め、青年たちを信仰に導いたのです。まさにイエスが弟子たちを導いたように。

三つ目は、DVD「キリシタン大名 高山右近『天に命を懸けて』」です。心のともしび運動本部によって収録され発行されました。溝部司教の高山右近研究の成果が語られています。このDVDの作成は難航しました。病との闘いだったからです。最後の収録のとき、私はもう無理と思い、撮影の中止を進言しましたが、溝部司教はキッパリ「やる」と語られ、収録に挑まれました。いのちをかけて高山右近の証し人となった溝部司教は一カ月後、天に召されました。

四つ目は、私たちの心に宿った信仰です。司祭叙階五十周年の金祝のお祝いには、全国から溝部司教を慕う人々が集いました。溝部司教に学び、洗礼を授かった青年たちは、今、それぞれ与えられた分野で、自分の足で歩み始めています。心のともしび運動のマクドナル神父は、「溝部司教は真の聖人だ」と明言されました。

（さだずみ・たけひこ）

本当のものは、人と人とのかかわりをとおして

菅原友明

溝部司教が望洋庵を始めるために京都にいらしたのは二〇一二年のことだったと思います。私は二〇一三年の春から九カ月間ほど溝部司教と共同生活をさせていただきました。その当時私は聖ヴィアトール修道会の助祭で、召命のことで悩んでおり、修道会や教区のご配慮で溝部司教のところでお世話になることになったのです。望洋庵は若者のための場であったはずなのに、もう若くはなかった私を快く迎え入れてくださった温かさが、今になって、いっそうありがたく感じられます。

今日から望洋庵で暮らし始めるという日、溝部司教が玄関のところに出迎えてくれて、言葉少なに、歓迎の言葉をボソボソと語ってくれたのが忘れられません。それ以来、夜になると、私の部屋の前で、「菅原さん、お風呂が沸きましたよ、先に入ってください」とか「今日は私が、先に入らせてもらいますよ」とか、会話と言ったらそんな感じで望洋庵には静謐さが漂っていて、溝部司教の態度はいつもまったく自然体で無理なところがなくて、一緒に生活しているだけで心も体もほぐれていくような月日でした。溝部司教とシスターお二人とで一緒に暮らした

九カ月間は私の人生の中の特別な記憶で、ずっと失っていた「何か」を私は取り戻していきました。

結果的に私は修道誓願免除の手続きを申請し、京都教区に転籍を認めていただき、翌二〇一四年から神学院の助祭課程を受けて二〇一五年に司祭叙階されました。神学院の勉強で学術書などを読んだとき、溝部司教の学問に対する姿勢を思い出すことがありました。溝部司教はキリシタン時代の研究をされていましたが、書かれる文章には得も言われぬ柔らかさが満ちていて、文章をとおして著者の心に出会える感じがするのです。だから、神学院で難しい本を読んで嫌になりそうになったとき「著者の心に出会う」という気持ちを思い起こして読み進めることもできました。それにしても望洋庵であれだけ若者と真剣にかかわり続けてお忙しかったのに、研究や著作に打ち込む時間をもつくっていたことは驚きです。「本当のもの」を伝えたいという思いが、それを可能にしていたのだと思います。

本当のものが、人と人とのかかわりをとおして伝わっていくことも溝部司教は肌で知っていらしたからこそ、望洋庵という若者が集い、仲間をつくる場所を開きたかったのでしょう。私も溝部司教との思い出をとおして、本当のものに近づいていきたいと思っています。

（すがわら・ともあき）

一人ひとりに自分を活かす場をつくってくださった

橘　紗希

私が溝部司教に出会ったのは、京都で開かれた望洋庵での青年のための聖書入門講座に参加したときです。キリスト教や聖書のことをもっと知りたいという思いで参加しましたが、溝部司教に出会ったことで、私の日々の生活を豊かにする、たくさんの恵みをいただきました。

溝部司教はいつ行っても温かく迎えてくださり、話を聞いたり言葉をかけてくださいました。共に過ごす穏やかな時間に癒され、自分を見つめる時間にもなりました。帰るときには必ず教会の門まで送ってくださいました。そのときに感じる優しさがとても嬉しかったです。一人ひとりを受け入れ、大切にしてくださっていることが実感され、私もそうありたいと思いました。

聖書講座では福音書を読み、それに関して溝部司教が歩んできた人生の体験話や、今の社会の中で考えられていることなど、さまざまな内容の話を青年たちに投げかけられます。難しい内容のときもありましたが、グループごとの分かち合いをすると、みことばは日常生活の中で活かすことができるということを実感できました。その後、参加者全員での振り返り。ろうそくを灯し、みんなの言葉を静かに聞き入れる、一人ひとりの思いや言葉が心に沁みる時間でした。そして最後に溝部司教とみんなでパスタをいただくひとときはとても和やかな時間でした。

料理作りが好きだった私は食事の支度のお手伝いをすることもあり、溝部司教のリクエストメニューを作るなど、望洋庵で活動できる喜びを感じることができました。クリスマスのときには溝部司教が音楽隊をつくろうと言われ、楽器が演奏できる人を募集すると何人も集まり、合奏ができました。望洋庵に集う一人ひとりに、自分を活かす場をつくってくださっていたような気がします。望洋庵の雰囲気は本当に居心地の良いもので、現在もたくさんの青年たちが集まり、自分の思いを話したり、祈ったりして自分を成長させています。信仰を確かなものにし、仲間をつくり、自分を顧み、自分の歩む道を見つけることができる場所であり、今も溝部司教が見守ってくださっていると思います。

「ただひとりあゆむ　日々のこみち……」、ふとしたとき、私の頭に浮かんでくる歌のフレーズは望洋庵での活動の最後に溝部司教と共にみんなで歌っていた「サンタ・マリア」です。この歌を思うと、溝部司教も神もマリアもそばにいてくださるような気がして、落ち着くことができます。これからも溝部司教の優しさを抱きながら、祈りを大切にし、実りある毎日を歩んでいきたいと思います。


（たちばな・さき）

自分を受け入れられる嬉しさ

谷口晴香

三年前のあの日、職場で残業していたときに届いた訃報は忘れられません。溝部司教と初めて出会ったのは二〇〇七年。溝部司教にとっては晩年でしたが、もしお会いしていなかったら今の私はいないでしょう。当時大学生だった私は、かつて溝部司教が創立された青年の海外ボランティア派遣を支援する「ソロモン友の会」によって派遣された報告をしに、鳴門教会に行きました。溝部司教は高松教区司教でしたが、高松からはるばる足を運んでくださいました。第一印象は「おじいちゃん」（ごめんなさい）、「でも、声が若い！」でした。私は若気の至りで意気揚々と活動報告をし、それを溝部司教は真剣に聞いてくださった記憶があります。

数年後タイで働くことになったのですが、これが撒かれた種だったと気づくのは後になってからです。働くきっかけとなったのは、鳴門で報告したあのボランティア活動のご縁によるものだったのです。新社会人として始まったタイでの三年間でしたが、ぶつかっても崩せない分厚い試練とちっぽけな自分に向き合う大切な時間となりました。

帰国した後、溝部司教との再会が待っていました。もう六年もお会いしていなかったので不安を抱えながらも、金祝のお祝いで初めて西陣教会と望洋庵へ。そこでパネリストとして座ってらっしゃる溝部司教と目が合い、遠くから「久しぶり」と呟いてくださいました。長らくお会いしていない私のことをすぐに思い出し、祝賀会では「最近何しているの？」と声をかけてくださいました。溝部司教にとってはたくさんの青年の一人なはずなのに覚えてくださっていたことが、ただただ嬉しかったです。

これをきっかけに望洋庵で過ごすこと、日々祈るということに惹かれ始めました。年末年始に呼んでいただき、この時期に泊まりに来ている子どもたちやご家族とわいわい、朝晩は祈りと分かち合いをし、かけがえのない時間を過ごしました。毎晩、溝部司教と面談をしていましたが、「祈りはね、渇きなんだよ」と言われたのが今でも大切な言葉です。当時はよくわかりませんでしたが、今は少し感じられるようになりました。これからも黙想の中でこの感覚をつかんでいきたいと思います。

亡くなられた後、全国のいたるところで溝部司教に影響を受けた方々に出会いました。「自分の存在」を認められ、共に分かち合い、信じることに自信をもつことのできたたくさんの「みぞっちチルドレン」がいて、それぞれに灯っている思い出を力に祈りにしている生き方に出会いました。その方々からは、さらに何倍もの力ある溝部司教の姿を見ることができます。

私は現在、死に向き合う仕事に就いています。人の死やご家族とのかかわりから人生の歩みや感情に触れ、押しつぶされそうな日々です。しかし、とても大切で尊い仕事でもあり、神のへお送りし、お返しする役割も感じています。溝部司教はまだまだ私の人生の糧となる種を蒔き続けてくださっています。それに気づき育てていきたいと思います。

（たにぐち・はるか）

本物を示された眼差し

出来芳久

「本物を示せば、青年は集まってくる」

青年不在という昨今の教会の悩みに対する溝部司教の答えは至極シンプルだった。私も溝部司教の示す本物に魅せられた一人だ。溝部司教は一人ひとりに合ったさまざまな形で、本物を示そうとされていたように思う。望洋庵の核心でもある「祈り」、「学び」、そして「分かち合い」もまた、本物を示し、本物と出会う方法の一つなのだろう。

溝部司教が本物を示された出来事の中で、最も忘れることのできない一つの例がある。望洋庵聖堂の古い板敷に腰をおろし、晩の祈りをささげられた闘病中の眼差しだ。体調の優れないなか、声も力なくなっていたが、詩編を追い、十字架を見上げる眼差しは元気なころと変わらなかった。この眼差しの先に本物があるように私は思った。溝部司教はそれを見つめていらしたのではないかと思う。溝部司教の柔和さと鋭さ、暖かさと力強さが宿る眼差しは、ときとして私たち青年一人ひとりの心の奥をも見つめていたのではないだろうか。グループとしての〝青年〟ではなく、そのなかの〝個〟を見つめ、向かい合っていたように思う。付き合いの短い私でさえ、しっかり見てくださると感じるような眼差しだった。

正直に言うと、その眼差しが私には怖かった。私の心の後ろ暗い部分を見抜かれているようで見つめ返すことはできなかった。このことは今でも心残りだ。他方で、私の心の奥にしまい込んでいた願いを見抜き、それに対する向き合い方を示したのも、その眼差しだった。「ちょっと考えてみないか」と祈りのなかで見極めていくことを教えてくれた。

本物に出会うことは、難しいかもしれない。しかし幸いなことに、私は本物と出会う過程で溝部司教の同伴をいただけた。さまざまな方法で、本物と出会うことができると悟らせていただいた。静かに祈る後ろ姿や家庭的な交わり、学びといった素朴なことをとおして、本物を示してくださった。〝本物を示す〟とは、つまるところ特別なことではないのだろうが、溝部司教のようにうまくはいかない。キリスト者としてしなければならないし、したいと願うことだ。祈りをとおして、繰り返し本物と出会い、向かい合いたい。本物を見つめ、かかわる〝個〟を見つめる。これが、本物を示すための出発点なのではないだろうか。

（でき・よしひさ）

大いなる心意気と、自由なる裁量

徳田和樹

「四年に一度しか来ない二月二十九日に帰天して、溝部司教は天国で今ごろ『どうだ、覚えやすいだろう』と言いながらにやっと笑っているだろうな」、溝部脩司教の葬儀のときに青年たちが話していた冗談です。司教はまったく飾るところがなく、青年たちを分け隔てなく、温かく迎え入れてくれました。司教でありながらも青年に近い神父でいたいという思いだったのでしょう。そんな溝部司教を青年のみならず、赤ん坊からご年配の方まで、皆が慕っていました。

京都の西陣教会敷地内にある「望洋庵」では、溝部司教が青年男女を対象とした聖書講座を隔週で開いていました。多くの聖書講座とは違い、司教の講座は常に「分かち合い」が中心でした。最初に溝部司教が該当の福音個所について話し、次に少人数のグループになって分かち合いを行います。そこでは、自分の意見や体験談をもとに該当福音個所について話し、また他の人の話を聞きながら自分の中で福音を味わいます。自分で話をするためには頭の中を整理する必要があり、たくさんの人の話を聞くことも良い学びとなります。聖書講座に遠方から来る方も多く、二週に一度、仕事をやりくりして東京から来る方もいました。

溝部司教は学びや救いを求めて新たに教会にやってくる青年を、特に熱心に指導していました。一人ひとりとの対話を何よりも大切にし、望洋庵の訪問者が帰るたびにわざわざ靴を履いて教会の門まで見送っていました。また、司教自身が洗礼を受けるきっかけとなる「ミカン泥棒」の話もよく耳にしました。ガキ大将だった中学生時代に、子分を連れて教会の木から勝手にミカンを取っていたところ神父に見つかったけれど、その神父は怒るどころか子どもたちを温かくもてなした、という話です。ご自分の過去の罪も包み隠さずに話される溝部司教に青年は尊敬と信頼を置いていました。司教が帰天される数日前に病室を訪れたとき、会話もままならないほどに病状が悪化していると聞いていましたが、実際にお話しすると、そのような状態にあっても私たち青年のことを気にかけていることが伝わってきました。溝部司教に一目会いたいと訪れる方々を祝福し、最後までご自分のいのちを神さまが与えられた使命のために全うしていました。

月日が流れ、望洋庵の講座のスタイルは少し変化しましたが、「やあ こんにちは」や「大いなる心意気と、自由なる裁量」の精神は変わらず健在です。右も左もわからずに学びや救いを求めてやってきた青年たちが、自分の弱さを認め、他人の弱さを受け入れることのできるキリスト者となって望洋庵を巣立っていく姿は、きっと溝部司教にも届いていると信じています。

（とくだ・かずき）

「Run to Love !」

Sr M・N

望洋庵で溝部司教と仕事をしていた間、私は絶えず走っていたようです。

『マリア、どうしてあなたは多くのことに思いわずらい走るのか』

「ここはそうしないと間にあわないんですよ」

「人は考えてから走る、走ってから考える、あなたは後者だね」

「いえいえ、考えながら走っていますから」

そんな日常のやり取りのなか、ご自分は鼻歌を歌って、青年のための講座を準備したり、ろうそくを削ったり、その日の出会いを思い返し、香をたいて聖体の前に座られていました。あるとき、以前私が勤めていた学校の目標が、「Love to Learn, Learn to Love」であることが話題になると、溝部司教は「あなたは、Run to Love だ」と冗談のように言われました。そのときは軽い気持ちで心に納めていましたが、溝部司教亡き今、人生のモットーになる言葉をいただいたと思っています。

溝部司教は黙想会指導や講演会で望洋庵を空けることがよくあり、ご不在のときは気を張って留守を守ったものです。いつ帰ると連絡してきた時間の三十分前になると、キャリーバッグをゴロゴロと押して帰ってくる音が聞こえるのでした。「今日も帰りは早いよ、もう帰って来られるよ」と青年たちと話してご飯を食べていた矢先に、障子を開けて「ただいま」と帰られ、そこからまた仕切り直しの夕食と振り返りをしたこともありました。

青年たちとはゆっくりと時間をとって話していました。個人黙想や訪問で青年が来ているときは、時間をすべてそのために充てていました。仕事がいっぱいで小言を言ったとき、聞いてくださった溝部司教が最後に一言、「寂しいね」と言われました。「もっと大きな心をもて」と言いたかったのでしょう。そんなこんなで望洋庵での日々は泣いたり笑ったりの毎日でした。

溝部司教は、古いものやいただいたものを大事に使っていました……また古くてもきれいに使うこと、手を入れて使いやすく工夫することも教えてくださいました。不思議なことに溝部司教があれがほしい、これが必要だ言えば、どこからともなくほしいものが届き、必要なものが送られてくるのでした。ですから生活は足りないことがなく、また余りもしない程度だったと思います。手紙や礼状、挨拶状をまめに出されるので私が感心すると、「当然だろう」と言われました。

長年の習慣でしょうか、一日の終わりには望洋庵日誌を書いていて、誰々がいつ来て、どうだった、何があった、どう思ったなど簡潔に記しておられました。ですからそのころの様子は日誌を見れば明らかです。何でも青年たちにさせなさい、手を出してはならないと言われていて、青年たちを信頼していました。青年たちはできるんだよと。

溝部司教との仕事を終えてもう走ることもなくなりました。今は歩いています。でも、溝部司教ご自身が、最後の最後まで走るべき道のりを走りとおして生涯を全うされたのですから、「愛するために走り続けた」その姿に、倣っていきたいと思います。

「出会い」が生む「出会い」

橋詰　翔

私が初めて望洋庵に足を踏み入れたのは、大学三年生のときでした。まだ洗礼も受けておらず、興味本位で木曜日の勉強会に参加していた私に対して、コーラスをしていると知るや否や、溝部司教は「ラテン語ミサをやろう」と提案されました。当時はあまり深く考えませんでしたが、今思うと、これこそ司教の人柄・考え方をよく表している出来事だと思います。

溝部司教との思い出を振り返ってみると、共に活動したのは三年ほどだったことに気がつきました。しかし、あの三年間は、私にとってかけがえのない時間だったと今でも感じています。三年という短い期間のなかで、溝部司教が私にくれた最大のものは「出会い」でした。溝部司教との出会いももちろんのこと、司教を訪ねてきたさまざまな人々や望洋庵にいつも集まっていた青年など、数えきれない人と出会い、そしてその出会いから多くのことを学びました。振り返ってみれば、この「出会い」こそ、今の自分の礎となっているように思います。

その数多くの「出会い」のなかで最も思い出深いのは、二〇一五年の夏の長崎旅行です。当時、将来について考える旅をしたいと思い、長崎に行こうと思いたった私は、溝部司教にその話をしました。すると司教は「いろいろな人や司祭に会ってきなさい」と言い、紹介してくださいました。その際は十日間ほど、溝部司教が紹介してくれたさまざまな方々にお世話になりながら長崎を回りましたが、そのとき出会った方々は十人十色であり、今でも忘れることのできないとても刺激を受けた旅でした。

そして現在、私はたまたまそのとき旅をした長崎に住んでいます。あのとき出会った方々と再会し、今ではその方々を通じて、新しい出会いが広がっています。今、溝部司教はいませんが、彼が与えてくださった「出会い」は、今でも新しい「出会い」を生み、新しい刺激を与えてくれます。きっとこれからも、新しい「出会い」を与えてくれるでしょう。そしてその出会いこそが、これからの私を変えていく原動力となっていくのだと思います。

(はしづめ・かける)

謙遜の心に少しでも近づけるよう

藤田みどり

私は初めて溝部司教に出会ったのがいつなのか覚えていません。青年活動の中で「溝部司教」という名前は頻繁に耳にしていたので、実際に会う前から知っているような感覚でした。

溝部司教にきちんと出会ったのは望洋庵創設のための準備委員会が、全国各地で中心的に活動している青年を集めて京都で発足したときでした。私が住んでいる福岡からは私の友人に声がかかりました。友人から溝部司教が望洋庵をつくろうとしていると説明をされましたが、どんなものなのかまったく想像がつかず、あまり興味は湧きませんでした。しかし、西陣教会の敷地内にある築百年を超える民家を改築してつくるということに、古い建物が好きな私は強く惹きつけられました。望洋庵の建物が見たいという不純な動機から私も同行することになりました。

望洋庵準備委員ではない私は会議には参加しないと思っていましたが、気がついたらそのまま会議に参加していました。委員ではないのに参加させていただきありがたい反面、自分の立ち位置がわからずどうしたものかと戸惑っていると、溝部司教の「いいんじゃない」の一言で準備委員会に加わることになりました。本来参加できないはずの私が入らせていただき、とても嬉しかった記憶があります。その後、準備委員会のために何度か望洋庵へ足を運ぶことになり、溝部司教ともよく話しをするようになりました。

ある日、私が私用で京都を訪ねた折、望洋庵に泊まったことがありました。その夜、溝部司教と二人で近くのレストランで夕食をとりました。思えば二人で話しをしたのはあのときが最初で最後でした。溝部司教の話は終始望洋庵のことで、望洋庵の行く末について心を悩ませられ、私にたびたび「どうしたらいいと思う」とお尋ねになりました。司教が頭を悩ませてもわからないことにどうして私が答えられるでしょうか。私は終始返事に窮しながらただただ恐縮しっぱなしでしたが、そのとき私は溝部司教がどうしてこんなにも青年たちを惹きつけるのか、その理由がわかったような気がしました。溝部司教は相手が年上であろうと年下であろうと同じように尊敬の念と信頼をもって語りかけてくださったのです。

溝部司教亡き後、私に尋ねられた声を思い出すときがあります。そんなとき私は自分が周囲の人への尊敬と信頼を忘れていないかを顧み反省します。溝部司教の謙遜の心に少しでも近づけるように気づきを忘れないようにしたいと思います。

（ふじた・みどり）

あなたが必要、と取り込まれた

森田　聡

二〇一二年の夏、西院教会の担当司祭が不在のため、溝部司教に臨時に司式をしていただいた。それが最初の出会いである。数人で簡単な昼食を共にした際に、初めてお互いを認識したうえで話をする機会を得た。どこかで教区長をされていた程度のことしか知らず、このときはまだ溝部司教の人柄など何も知らなかった。昼食時の会話のなかで、「今、望洋庵に住んでいて、建物を少しずつ直しているところだけど、一度、寄ればいいよ」と誘っていただいた。私は「気軽な誘いを受けた」感じで、その何週間後かに望洋庵に伺った。するととても歓迎してくださり、改めて自己紹介をし、また他愛のない会話をして、最後に連絡先を伝えて帰った。

九月に望洋庵運営のための会議があり、全国から溝部師に呼ばれた青年や司祭らが集まった。京都教区からも若い青年が参加する予定だったが、教区の行事と重なったため私が代理で会議に参加することとなった。二、三人は知っている青年がいたが、あとは初対面だったのでとても緊張したことを覚えている。会議では、青年の現状を踏まえたうえで、彼らが本当に必要とすることは何かについてそれぞれの思いを共有した。私は途中で所用のため退席したが後日、送られてきた議事録を確認すると、望洋庵の推進委員、常任委員に私も選出されていた。代理での出席だったのに私が委員になるのかと「取り込まれたような感覚」がした。

常任委員会は一、二カ月に一度の頻度で開催され、特に基本理念について話し合った。「本当に大切なことは何か」ということを考えるという体験をとおして、福音を軸に据えることの大切さに気づかせてもらった。また、黙想会のときに講話をするよう指名されるなど、自分の感覚では荷が重い役割を何の躊躇もなく与えられていくなかで、「なんとかなるものだ」と思うとともに、「信頼して任せてくださった」ということに気づいた。与えられたことに対して必ずフォローがありアドバイスがあった。すべての集まりの後には振り返りで一日を整理する機会があり、「思いを言葉にして分かち合う」ことで次に進むことができると実感した。

溝部司教は、いつも青年を気軽に誘い、共に食事をして対話し、一人ひとりに連絡を取り、信頼関係を築く。そして声をかけ、あなたが必要だと「取り込んで」いく。適切な役割を与え、全面的に信頼し任せることで、青年は自信をもち、思いを言葉にし、仲間と共有し、分かち合う。「本当に大切なこと」を探究することができる。望洋庵にかかわる機会を通じて溝部師より学んだことを、今後の青年との関わりに活かしたいと考えている。

（もりた・さとし）

奇跡を見ているかのような

山頭原太郎

私は望洋庵のことを知って、さすが溝部司教だなぁ、どこまでも、いつまでも働き続ける司教だと頭が下がる思いがしました。そして、私にまで望洋庵の計画を話してくれたことに驚きました。溝部司教はそういうお方です。

私は現役時代にいただいた給料のほとんどは貯金したケチな男です。朝から夜寝るまで寄宿生と行動を共にしていましたので、お金を使う必要はありませんでした。そのお金は、望洋庵の中の小さな御聖堂に生まれ変わりました。溝部司教念願の御聖堂です。ここに集う青年たちや司教を慕って全国から訪ねて来られる方のためのごミサと祈りの場となりました。この御聖堂づくりにはサレジオ会のブラザーたちが立ち上がってくれました。福島からも応援に駆けつけてくれました。私も、何度もこの御聖堂でごミサをたてさせてもらいました。

せめて望洋庵で留守番のお手伝いをさせておくれよと頼んだ次第ですが、とにかく偉大な仕事を次々とやるその謙虚な姿は、私には奇跡のように思えました。以前から、溝部司教が始めるお仕事は見事に花を咲かせ、素晴らしい輝きを放つのに驚いていました。そしてそうした伝統はきっと今後も続くことでしょう。それを祈ってやみません。

溝部司教がローマの大学の博士課程で学んでいたころ、私はカタコンブでガイドをしていました。ときどき溝部司教を誘ってイタリア料理を食べた、遠い昔の記憶が、ついこの間のようです。

二〇二〇年で九十六歳になる私です。望洋庵を訪ねたくても、体がいうことを聞いてくれません。溝部司教と望洋庵のお役に立てたのでしょうか。


（やまがしら・げんたろう）

「みぞ神に免じて⁈」

山下　敦

正直、私には溝部司教との接点はあまりありません。直接的にご一緒させていただいたのはほんのわずかです。京都の望洋庵での一日、二日と、溝部司教主催の一泊二日の青年黙想会だけだと思います。もちろん、有名な溝部司教のことは、多分に、そしてあらゆる方々から伺っており、その意味ではよく存じ上げておりましたが……。

忘れられないことがあります。長い留学生活が理由で運転免許が失効してしまい、帰国した二〇一〇年に再取得せざるを得なくなりました。多額の費用がかかる自動車学校に再び通うもので無駄に感じられ、〝一発試験〟というのでしょうか、免許センターに免許取得のため直接試験を受けに行くことにしました。

詳細をここでお話しする必要もないのですが、直接試験を受けに行って、すぐ合格する人は、まずいません（もしそうなら、自動車学校も教習所もすぐになくなってしまいます！）。聞いてはいましたが、本当にそのとおり、交通課の警察である試験官は、まったく相手にしてくれませんでした。一回の試験代は五千円。それでも自動車学校に通って取得するためにかかる三十万円に比べれば……、そう思いながら何度も何度も挑戦を続けたものです。

幸い、十二回目にして免許取得に至ったのですが、何度もお会いした試験官の中に、溝部司教を知っている人がいました。溝部司教が接点となり、いろいろな話をしました。そして、いちばん最後の路上運転の試験のとき、私は横断歩道を渡ろうとしていた可能性のある一人の歩行者を見落としたのだそうです（と、後で試験官から聞きました）。しかし、その試験官の方曰く、「まぁ、合格にしてあげよう、みぞ神に免じて」（みぞ神、溝部司教のことです）。

もちろん、試験は最高に厳しいので、少しでも減点しようと思えばいくらでも方法はあるのですから、そのまま受け取ることはできない言葉でしょう。この試験官はカトリック信者ではありませんが、若いとき、溝部司教の青年会に参加されていたとのこと。そして、そこで出会った方とご結婚なさって今に至るとのこと。その二人を結んだのは溝部司教です。「今でも感謝しています」とおっしゃっていました。

死後に及んでその力を発揮する人。その最大の方はイエス・キリストですが、溝部司教が亡くなられた後も多くの人々の心に生き続けておられるのは、本当にすごいことだと思います。溝部司教がイエスの弟子だったからでしょう。「立つ鳥跡を濁さず」を目指してはいるのですが、それさえも実現不可能に思える私にとって、死後なお、人々の心に生き、善を与え続けておられることに、感銘を受けているどころではありません。また、そうなるには程遠い自分の現状を、ただただ反省するばかりです。

最後に一言。「みぞ神」と呼ばれるほど、そして、信者でない青年たちにも親近感のあった溝部司教のような司祭なりたいとつくづく思います。

（やました・あつし）

たくさんのものをいただきました

山田将太郎

溝部司教との出会いによって私の生活は変わりました。溝部司教がたくさんの素敵な方々に引き合わせてくださり、また望洋庵で役割を与えていただき、共に時間を過ごし、人生を感じる仲間や、信仰や、神への思いを共に黙想する仲間と出会わせていただきました。

溝部司教とは大学三回生のときのＷＹＤで出会い、その後、京都に来られ、望洋庵に誘っていただきました。一つひとつのことを丁寧に重ねながら今の私をつくってくださった溝部司教は、いつも惜しげなく私にたくさんの素敵な方と出会わせてくれました。人と人が出会うことの重要性、大切さをとてもよくご存じで、その最良のものを常に与えようとされていました。だから、ここまで私を育ててくれた望洋庵を私の中で活かすためにも、かかわる一人ひとりを大切にして生きていこう、と強く思います。

生前、溝部司教は「望洋庵は家ではなく、庵に流れている精神を大切にすることが重要だ」と言われました。望洋庵にとっての大切な精神とは、「祈りと聖書をとおして、私たちが互いに信仰を分かち合い、神と共に人生を歩むこと」です。この精神の核は、目の前の人との出会い、かかわりを大切にすること。共に過ごす時間は永遠には続かないからこそ、目の前にいてくれる大切な人に「ありがとう」、「お休み」、「ごめんね」を恥ずかしがらずにちゃんと言うことだと感じています。たとえ恥ずかしかったり、自分の意に添わなくても、相手のことを気遣い、心のこもった思いやりのある言葉をかけて、生涯を生き続けること。これが私の今感じる望洋庵を生きるということです。この大切なことを丁寧に続けていけば、そこに望洋庵の交わりがあり、その先にイエスとの出会いがあるのだと思います。

溝部司教と出会い、そして失敗も多い中で、私なりに溝部司教や皆の思いに応えようと頑張ってきたからこそ、私の人生は確かに変えられたことを感じます。出会いを大切にすること、出会いの中で頑張ること、人を大切にすること、出会った人と少しでもより良い関係になれるように力を尽くすこと。その尊さと、楽しさを望洋庵で教えていただきました。

また、望洋庵は「教会のために何かをしたい」、「一緒に活動ができる仲間がほしい」、「共に信仰を深める友がほしい」、「神のことをもっと知りたい」、という私が自分自身でも十分に気づいていなかった願いと思いを拾い上げてくれました。だから、望洋庵の人々、周りの人々の幸せを常に考えながら、私にできることを見つけ、少しでも行っていきたいと思います。

（やまだ・しょうたろう）

第七章

帰天　そして、これからの望洋庵

本当の意味で溝部司教に出会っていくために

川原順平

私は溝部司教の神父時代を知りません。私には最初から仙台教区の司教でした。溝部司教とは五十歳ぐらいの年齢差。亡くなる前の約十年は、今思うと最初から限られていた気がします。私は溝部司教と同じ地域で生活したことはありません。司教からの電話は大体「手伝ってくれ」というとき。私からの電話は大体「迷った」とき。私は近況報告をあまりしませんでした。友人たちが溝部司教にお祝いやメッセージを贈るとき、私は気恥ずかしく「できるだけ隅っこにいたい」そんな立ち位置でした。私にとっては、司教と近くで親しくさせていただくことよりも、数カ月に一度、「順平、教会でよく頑張っているらしいね」という司教の一言が嬉しかったのです。「司教に甘えてばかりではいけない」、生意気にも、そんな気持ちもありました。

溝部司教が亡くなったとき、「これから迷ったとき、誰に電話しようか」と茫然としました。「もう会えないのか」心の中で繰り返しました。でもしばらくすると「自分は本当に司教に会ったのだろうか?」「自分が会った溝部さんとはどのような人?」と思うようになり、「もしかしたら、これから会えるかも」という気持ちが出てきました。なぜか。

確かに私は、若者に寄り添う七十代の溝部司教には出会いました。でも、戦後の混乱期を生きた溝部少年にも、イタリアで奮闘する溝部神学生にも、キリシタンを探求する溝部神父にも、教会の責任者として苦悩する溝部司教にも、そして司教が望洋庵で抱いた福音宣教の大きな夢の実現にも、まだ出会っていないからです。

これは溝部司教の若かりしころを知りたいという意味ではありません。私が司教に本当の意味で出会うためには、溝部司教が愛した神、イエス、信仰の仲間に私自身、もっと出会わなければなりません。司教が見つめた戦争、青少年教育、歴史、キリシタン、イタリアを私は学ばなければなりません。

司教が直視された社会の問題から私も目を背けてはいけません。司教の厳しい言葉、私たちに課された宿題にも取り組まなければなりません。だから、やっぱり、そう簡単には溝部司教には出会えないのが現実なのかもしれません。それでも私は、この挑戦を本当の意味で溝部司教に出会っていくことができる希望と思いたいのです。

そのために溝部司教はたくさんのヒントを残してくださいました。司教が喜ぶのは、私がただ彼を懐かしむのではなく、彼が夢見た福音宣教に向けて、自分のできる小さなことを日々、ささげることと思います。

いつか私にもあっちの世界に行くときがくるでしょう。そこで私は、大勢の人々に囲まれる溝部脩司教から少し離れたところに立っていますので、また、「順平、教会でよく頑張ってくれたね」と、一言、言ってもらえるよう、これからも少しずつ、歩み続けたいと思います。

（かわはら・じゅんぺい）

溝部司教を偲びて

黒田朝子

望洋庵で私が溝部司教と過ごした日々は一年に満たない。当時の日誌を開いてみると、毎日毎日出張中でないかぎり、溝部司教は必ず、一〜二行でも書いておられる。当時を鮮明に思い出す縁ともなる。溝部司教がいかに一人ひとりを大切にし、細やかな心遣いをしておられたかもその文面ににじみ出ている。拙い文章では言い尽くせないが、当時を思い出しながら、その病の日々を少し綴ってみる。

それほど多くを語るでもなく、坦々と朝を迎え、ろうそくを灯し香をたき、朝の祈りを済ませミサをする。望洋庵を訪れて相談事や黙想をされる方も多く、夜の聖書入門講座にもかなりの青年が集まった。さまざまなところから、講演会や黙想会の指導依頼が入っており、三年先の予約も入っていた。しかし、二〇一五年五月、毎月行っていた血液検査の結果、腫瘍マーカーの数値の異常な上昇がみられ、より詳しい検査が始まった。

年間のスケジュールもいっぱい入っていた。特に青年と行く東ティモール海外ボランティア活動二回目は、とても大切にし、楽しみながら綿密に計画を進め、青年の語学力の向上も含め数回講師を招き英語によるミーティングの練習も重ねた。だが、七月のある修道会の黙想会指導を最後に体力の限界を感じられ、楽しみにしておられた東ティモール行きを断念し、八月二十四日、関西空港に見送りに行かれた後、すべての活動を中止し療養生活に入られた。

九月、〝原発不明癌〟の治療が始まる。さまざまな薬の服用。足の浮腫み。検査のために開いた腹部にしこりもできた。それでも溝部司教は始終落ち着いて多くの見舞客にも淡々とご自分の病状を説明された。『がんを告知されたら読む本』（谷川啓司著）を読まれ「癌は治る病気ではないんだよ。死の質を高める病気だよ」と言われ、読むようにと私に手渡された。ところどころに線が引かれ、短いコメントも書かれていた。

「あと少しの命　冬の小雨にしみじみと　わが来し方を見る」

亡くなられる十日前、最初の激しい悪寒。その後昏々と眠られた。看護師に「危険な状態ですよ」と言われ、急いで廊下に出てさまざまな方々に連絡をしながらオロオロとしていた。部屋に入ると、いつの間にか目覚めておられた溝部司教に「シスター、バタバタしないで」とたしなめられた。病人に寄り添うのではなく〝私が気遣われ寄り添われていたのだ〟と感じた。

主治医にはかなり以前から「何があってもおかしくない状況ですよ」と言われていたが、二月二十九日、〝その日〟が訪れた。朝から少し荒い息をしておられたが、夕方、見舞いに来ていた青年たちに囲まれながら、溝部司教はうっすらと目を開け、しっかりと見つめられた後、八十年のいのちを神に返された。いつものように「ありがとうね！　じゃーし、またね！」と言われて眠りにつかれたかのように感じた。

多くの人から愛され、慕われ、多くの人に人生の方向性を見いださせ、そしてさらに多くの人を神のほうへと導き、日本の教会のために働けたことを感謝し、走るべき道のり、神のみ旨を走り尽くされ、今や義の栄冠をもって、待っておられる神のもとへと、残された最後のわずかな「時」をかけてまっすぐに駆け上って逝かれた。青年たちの口からは自然に溝部司教が大好きだった「サンタ・マリア」の歌が流れた。

溝部司教が逝かれて四年目を迎えた。この原稿を書きながら、やっぱり溝部司教が祈っていた聖堂の片隅に座っている。当時と同じように若葉がさやさやと揺れ、水の音が聞こえる。何も変わっていないなぁと懐かしく思い出している。

望洋庵は、この三年余りの時をとおして、京都教区の神父方のご指導とご協力をいただきながら、〝祈り・出会い・学び〟という望洋庵の三つの柱がぶれないように、望洋庵が青年たちにみことばの学びや分かち合いをとおして本物を提供する場であるように、そして遺された言葉どおり「常に新しくなっていく」ために、共に種々の活動を続けてきた。しかし今、さまざまな意味でさらに一歩新しくなっていく時期にきていると思う。そのためにも青年の声を聴く日を設け、彼らの自由な意見を聴き、司祭や運営委員、さらには支援の会の皆さまと共に、何のために望洋庵が必要なのかを考えながら、新生し続けていくことを心がけたい。

現在、望洋庵は、溝部司教の時代から変わらず支援してくださっている方々、新しく支援者に加わってくださった方々、フェイスブックや望洋庵便り、支援の会便りをご覧になり祈りや励ましを送ってくださる多くの方々に支えられて、活動が続けられていることを心より感謝申し上げます。

（くろだ・あさこ）

溝部司教の特別さ

品田典子

思い返せば約半世紀前、当時、東京の杉並区に住んでいた私たち家族は、歩いて十五分ほどのカトリック下井草教会に通っていました。その下井草教会で、精力的に多くの若者を集めて活動されていたのが、若き青年司祭溝部脩神父です。私には兄が二人おり、すでに青年会の年齢に達していた兄たちは青年会でお世話になっていました。私はまだ中学生になったばかりでしたが、家族ぐるみでお世話になっていたころの懐かしい思い出が蘇ります。

溝部司教を、もし、一言で言い表すなら、私はなんと表現するだろうか？　と、かなり悩んだ結果、「一人ひとりをかけがえのない存在として大切にしてくださる方」となりました。溝部司教との思い出は、書ききれないほどたくさんありますが、いちばん思い出されるのは人とのかかわりの大きさ、深さ、温かさです。

亡くなる二週間ほど前に病床をお訪ねしたときのこと。「それではまた来ますね」と別れの言葉を伝えると、「兄ちゃんが待っている、ふふふ……」と弱々しくもはっきりとそのように返されました。本当に驚きました。私の二番目の兄は、癌で五十七歳の若さで帰天しました。

溝部司教は私に会うと、その兄のことを「兄ちゃん、兄ちゃん」と親しく呼んでくださいました。司教が病床にあったときはすでに兄が亡くなって八年もたちますし、兄が亡くなる前も、溝部司教との交流は随分と途絶えていたはずです。それなのに、あれほど多くの方々とかかわりのあった溝部司教が、亡くなった兄のことをずっと心にとどめていてくださったのだと思うと、改めて溝部司教の特別さを痛感したものです。

もう一つ、いつも私が感心して自分でも倣おうとしていることがあります。それは、溝部司教の年賀状。おそらくあれだけの交友関係があれば、何百通、あるいはそれ以上の数の年賀状を出されていたでしょうが、必ず、あの少々クセのあるチンマリとした自筆で、住所と名前と、そして一言を書き添えてくださいました。きっと、一人ひとりを思い浮かべながら、どんなに忙しくても、どんなに身体がしんどくても、ご自分に課されていらしたのでしょう。人任せにはせず、プリンタ印刷することもなく……。

私もこれはできるかぎり真似してみようと思います。せめて一年に一度、住所や相手のお名前を書くとき、その人のことを思い浮かべ、幸多きことを祈りつつ手書きで書くこと。溝部司教がたくさん教えてくださったことのなかの、大切な一つです。

（しなだ・のりこ）

何度かの出会い

田口 忍

サレジアニ・コオペラトーリは、サレジオ会やサレジアン・シスターズの指導を受けながら協働者として生きる一般信徒の会です。毎月一回の勉強会の指導に当時サレジオ会管区長だった溝部神父に来ていただいたのが最初の出会いです。

二回目は約一年後。一九九五年九月二十三日、新田原教会で助祭叙階式後、近くの幼稚園の二階のチャペルで北九州五名・東京二名が溝部管区長よりコオペラトーリの会員証をいただき、サレジアニ・コオペラトーリ北九州支部が発足しました。

三回目は高松教区の司教のとき、高松教区において、コオペラトーリ会員の谷口氏が溝部司教より助祭叙階の秘跡を授かりました。

四回目は溝部司教が京都「望洋庵」の庵主時代、二〇一三年六月一日、長崎でのコオペラトーリの黙想会の指導に来てくださったときです。この黙想会のなかで入会式があり、四名が北九州支部に入会し、そのときに撮った写真が溝部司教と私たちの最後の写真となり、また、この黙想会が溝部司教を囲んでの最後の分かち合いになりました。

葬儀ミサ・告別式では、司式司教の傍らで働く谷口助祭の姿を見て、天国で喜んでおられるだろう溝部司教を思い、谷口助祭も感謝で満たされているように感じました。
告別式の弔辞は高松教区の青年代表と教区神学生の二人でした。青年代表の弔辞は涙を誘う個所があり、溝部司教が青年たちとのかかわりを大切にし、ドン・ボスコに倣う生活をされていたことがわかりました。出棺の間、ロザリオの祈りが響き、青年たちの歌う歌に見送られて天国に向かわれました。

（たぐち・しのぶ）

最後の講義

時田　愛

二〇一五年の年の瀬に、この年最後の望洋庵運営委員会が行われました。細かな議題は思い出せませんが、当時すでに入退院を繰り返していた溝部司教の庵主としての引退を見据え、教区の神父方とさまざまな点で話し合いが行われ、これからの望洋庵について、新たな模索をしていた時期だったと思います。二日間にわたって行われた委員会の最後に、そのころ自室で病床にあった溝部司教が私たちを呼び、いつもの「振り返り」を行いました。このとき、委員の誰も予想していなかった溝部司教からのお話があり、私たちは期せずして「最後の講義」を聞くこととなったのです。

このときのことを思い出すと、今も胸が熱くなります。「クリエーティブに、そして良い意味で（愛するがゆえに）批判的であらねばならない。社会にも教会にも」、「組織のボトムアップの重要性について。育てる人材を、育てていかねばならない」と言われ、教皇フランシスコの活躍の記事を参考に「今、日本の教会はどんな人を求めているのか、今の世界に本当に必要な人材を教会はどう育て、送り出していけるのか」と話されました。司祭、修道者になる人を集めることだけに向かうのではなく、それぞれの召命をいかに生きるか。医学を学ぶ人には倫理を、世界に出て行く人には平和を、経済を動かす人には正しく分配する力を、そんな人を育てていくために教会はどうあるべきか。望洋庵はどうあるべきか。講義は一時間半も続きました。

生き生きと語ってくださった溝部司教は、年末には再入院が予定され、病床では体を半分しか起こせない状況のなか、これから新しいパソコンを買い、ベッドサイドに机を配置し、準備が整い次第社会に向けて「望洋庵の窓から」と題して発信を始めようとされていました。病状を心配していた私たちは逆に励まされ、不安が希望に変わっていく思いでした。

時を経てもなお変わらず胸が熱くなるのは、彼の消えることのなかった情熱に感動するからだけではありません。それはいつも、今の自分を振り返る力になるからです。これでいいのか今の自分、今の社会、今の教会。足元をもう一度見据え、「何のために」と問い直すのは勇気がいります。そして、学びも祈りもまったく足りていない自分に出会い、痛みとともにいつも引き戻されます。

溝部司教との出会いに、私は向き合う勇気いただきました。若者と歩む望洋庵が、神の望む一人ひとりの選びを探し、世の荒波に送り出していく場所であるために、ときに一人で、ときに皆と、これでいいのかと問いながら、歩み続けていきたいと願っています。

（ときだ・あい）

復活祭に

馬場綏子

溝部司教が天に召されてから何度目かの復活祭を迎え、あの日のことを私はまた思い出しています。

二〇一六年二月十七日、私は二人の方と京都に向かいました。溝部司教が拝借されたままになっている本や資料を持ち主の方へ返却する作業をするためでした。前日用意したガムテープや荷造りヒモが背中のリュックの中でカタカタ鳴っていました。溝部司教の容態が良くなられて望洋庵に戻られ、一緒に作業させていただける喜びで興奮さえしていました。

身勝手な思い込みでした。溝部司教は、京都大学附属病院の個室でたくさんのチューブに繋がれ計測器にとり囲まれ、痛々しく横たわっておられました。浅はかな期待とはまったく違う現実に、ただ茫然自失。付き添っておられた黒田シスターの「司教さまが洗礼を受けなさいとおっしゃってますよ」の声でやっと我に返りましたが、「はい」と返事ができたのか、まったく記憶がありません。同行の二人と別れた私は、東京に向かう新幹線の中で子どものように泣き続けました。

四日後、調布ユースセンターが長い歴史を閉じる日、ユースセンターの会長だった濱口神父に洗礼を授かりたい旨を申し出ました。二〇一七年の復活祭の前夜に授けていただくための第一回の勉強会の後、溝部司教に報告の手紙を差し上げました。ご存命中に届いたはずですが、たぶん読んでいただけなかったと思います。私はこのあまりに遅すぎた気づきを背負いながら神への感謝と謙虚な心で歩んでいきたいと願っています。

（ばば・すいこ）

今日も薄いお茶を飲んで……

松上奈央

私には朝の日課がある。それは、職場に持参する水筒にお茶を入れることだ。そして私にはこの日課のたびに思い出すエピソードがある。

ある夏の終わりの日、約八年間過ごした京都を離れ地元・熊本へ帰ることを決めた私は、帰熊の前日、望洋庵を訪れた。望洋庵には溝部司教が一人、いつものように人懐っこい笑顔で迎えてくださった。私が「挨拶にきました」と言うと、「挨拶なんかよかったのに」と言いながらスリッパを出し、「入って、入って！」と中に招き入れてくださった。台所横の食卓にとおされると、溝部司教が湯のみの準備をしてくださったので、「私が淹れます」と言うと、「いいよ、いいよ」と近くにあった急須にお湯を注がれた。溝部司教にお茶を淹れさせてしまった……と気が気ではなかったが、そうこうしているうちに目の前に湯のみが置かれた。湯のみに注がれていたお茶は二煎目、いや三煎目であったのだろうか。なんだか色も味も薄いそのお茶は、「細かいことなんて気にしないよ」という溝部司教のお人柄を表しているようだった。

この日の滞在時間は、三十分くらい、とりとめのない話をしただけだったが、望洋庵を発つころにはとてもすがすがしい心境であったことを覚えている。このときの私は、身内の不幸や自身の体調不良が続き、やりがいを感じていた職場もやむなく退職、これからどういう人生を送るのだろうと不安や焦りの気持ちでいっぱいだった。しかし、話をしているうちに、溝部司教が目の前にいる自分を受け止めてくださっているのを感じ、大きな安心感があった。決して不安が消えたわけではなかったが、その安心感によって前に進める気がした。これから先も大事なことを見失わなければ、きっとどうにかなる、そんな気分になることができた。

私は今、急性期医療の現場で働いている。日々接する患者さんやその家族は、大きな不安や悲しみ、迷いといった複雑な感情を抱いていて、簡単な職場ではないことを毎日実感させられる。そんなときに思い出すのは溝部司教との三十分間だ。私が患者さんの不安を取り除くことはできないが、何か小さな安心感みたいなものを与えられればいい、そんな気持ちで臨んでいる。ときには患者さんから理不尽な扱いを受け、くじけそうになることもある。だが、朝、お茶を淹れるたび、あの薄いお茶を思い出す。目の前の私を受け入れてくれた溝部司教の姿が浮かぶ。私も困難のうちにある人に少しでも寄り添えるように頑張ろうと、また気合いを入れ直して職場に向かうのである。

しまった！今日のお茶も薄くなってしまった、なんて思いながら。

（まつがみ・なお）

「静かに」去るにあたって

松永 忠

「これなせり」 愚かな たわ言
「これなれり」 浅はかな 信仰者の常套句
「なるものはなる」 風にまかせて 今日旅立つ
六月の湯 過ぎ越し方を 洗いけり

修士

亡くなる九カ月前、溝部司教は日本のキリスト教の歴史に関するイタリアの本を翻訳するため、湯布院に滞在しました。仕事を終えられ望洋庵に戻るとき、鍵を返しに光の園を最後に訪問した際に残された詩です。「静かに、あたたかく、信じる目で」私たちを見守り続けた溝部司教。その姿を思い出します。「人にとって大切なことを伝えるため」に活動した姿を心にとどめ、これからの人生を歩んでいきたいと思います。

（まつなが・ただし）

私にとってのザビエル?!

山内　愛

以前、ある研修会に参加した際、「もしあなたがザビエルなら布教のために何をしますか？」という問いが出題された。当時の時代背景や問題の正解とは別に、私なりに答えを考えてみた。かかわる相手を丁寧に名前で呼び、存在を認める。美味しい食事を共にする。常に開かれている場所や環境、状況をつくる。焦らずに一人ひとりに寄り添い、ゆっくりゆったり共に歩む。人と人とを繋げ、語らい、集う喜びで共同体を構築する。みことばを味わい、福音を分かち合う。笑顔でいることで愛を体現する。聖歌を歌うことで心を一致させる。黙想、祈り、心の思いを内省することで神との出会いを深める。感謝の心で生きる。どんなときも大きな愛で見守り、寄り添う神のイメージを共有する。人生を見つめ、召命は何かに気づかせていく。

書き出して、はっと気づいた。布教のメソッドというより、これらは、まさに私が溝部司教にしてもらったこと、生きるうえで指標にすべきだと溝部司教から学んだことではないかと。溝部司教の洗礼名である聖フランシスコ・ザビエルは、約四百五十年前、日本に初めてキリスト教を広めた聖人である。同じ心を伝え、驚くほどの行動力で自らもその愛を示した溝部司教と過ごした日々は、十八歳の私にとってザビエル同様の存在、人生観を百八十度変える衝撃だった。それは、溝部司教の存在をとおして、初めて神と深く出会い、神の本質を見たからだ。溝部司教に導かれ、与えられた教師という使命。そして現在の私が奉仕する場所は、聖フランシスコ・ザビエルを守護聖人として称えるザベリオ学園小学校。なんという奇跡、なんという導き、なんとすごい計画！

帰天される一週間前、溝部司教の手を握って伝えたのは、感謝とずっと教えてほしかったこと。「今まで本当に、本当にありがとうございます。そして、なぜ私を教師に？」

答えのない問いだったが、自分の生き方、召命を常に問い、気づかせてくれる存在が今も天で見守ってくださっている。溝部司教の存在の大きさと導きによって支えられていることを今も痛感している。

まだまだ未熟で到底至らないが、若者の育成に情熱をささげた溝部司教の生き方を、教育の現場で継いでいきたい。ザビエルの生き方に魅かれた当時の人々のように、若者を魅了する溝部司教のように、私も神の香りを少しでも漂わせる生き方をしたい。今もそう強く思わせてくれる溝部司教に、感謝の思いが尽きない。

（やまうち・あい）

「あなたがほしい」と言われた気がして

山岡義生

突然「溝部司教がご病気で診断がつかず困っておられます、なんとか」のSOS電話を受け、主治医からの病状説明に同席させていただいたのがきっかけとなり、闘病のお手伝いをすることになった。原発巣が解らぬまま京大病院腫瘍内科で治療が始まった。担当医は女医さんで、私が教授をしていた外科に入局し、後に、腫瘍内科に転向した先生だった。溝部司教の治療には多くの専門医がかかわって最善を尽くしていただけたと感謝している。最初の電話の主は外科の後輩の奥さんで、ご主人を癌で亡くされた後、司教の指導で受洗された方だ。きっかけから最後まで、いろいろな方々とのご縁で溝部司教をお見送りしたことになった。

溝部司教は、垣間見えるかぎりでは淡々と毎日を過ごされ、望洋庵へ一時退院ということもあり、シスター黒田と連絡を取りながら、ときには病室へ、ときには望洋庵にお訪ねし、雑談をして帰ることが約一年。私にとって、この一年は信者として生き切る覚悟が育まれていった大切な恵みのときであったと、今、振り返っている。

二〇一六年「一月十五日十時前に望洋庵に来てください」の伝言があってお伺いすると「天

に命を懸けて」高山右近DVD最終録画の日で、司教の毅然とした態度と言葉に接することができた。また、二月十三日の電話は「明日の四旬節で志願式を受ける医学生の代父になってください」というもので、代父の心構えのようなことをお尋ねしたら、手帳を見ながら国井健宏神父の著書を推薦していただいた。溝部司教のおられる京大病院、西陣教会、望洋庵を訪問しても、司教は特別何をおっしゃるわけでもなく、ただニコニコとご自分の状況をお話されるだけだった。しかし、そばにいるだけで、自分がしなければならないことをジワジワと悟らされていくのを感じた。「よくなったら、とっておきのワインを開けましょうね」とそれは嬉しそうにおっしゃったのは、私への「癒し」のお言葉であったのだろう。

今、望洋庵には溝部司教に会ったことのない若者が多く出入りしているが、「やあ、こんにちは」のお気持ちは脈々と受け継がれており、祈り、分かち合う様子は溝部司教が育まれた伝統に違いない。京都司教区が責任母体になることを大塚司教がお決めになったとき、「これを末永く続けるような仕組みのお手伝いをしなさい」の声が聞こえたような気がして、わけもわからず「望洋庵支援の会」の役員を引き受けていた。今、いろいろなお手伝いをしているなかに溝部イズムが満ちている。

（やまおか・よしお）

出会いを通じて

山口友佑

溝部司教との出会いは、二〇〇五年のＷＹＤケルン大会のときである。当時参加したときは、周りに知り合いがいなく、一人で行動することも多かったが、同じ行動班になった高松教区の信徒の方から紹介していただいたことで、溝部司教との繋がりが始まった。ＷＹＤの期間中お話をする機会が多く、青年活動のことや教会生活のことなどをお話させていただいた。

その後も、たびたび連絡をいただき、高松教区の青年の活動に誘っていただき、高松教区の青年たちと繋がる機会を設けていただいた。また「望洋庵」に移られた後も、お声をかけていただき、京都の青年たちとの繋がる機会を設けていただいた。

溝部司教との出会いは、私の信仰生活において、大きなターニングポイントになり、忘れることができない財産になった。現在は、仕事の関係で名古屋に生活の拠点を移しているので京都に行く機会も多くなり、時間が合えば「望洋庵」に伺っている。そのたびに、シスターたちや望洋庵にかかわる青年たちと溝部司教との思い出話に花を咲かせたり、溝部司教と会ったことのない望洋庵の青年たちに、自分が教えていただいたことを伝えたりもしている。

溝部司教を通じて出会った青年の中には、召命の恵みを受け、司祭として活躍されている方々もいる。その召命の恵みを受けた方々とともに活動でき、共に学ぶことができたのも、忘れることのできない大きな財産になった。高松、京都の地から、遠く離れた横浜の青年に気をかけていただいたことは、本当に感謝の気持ちでいっぱいである。

亡くなる直前に、望洋庵で溝部司教にお会いしたとき、宿題を投げかけられた。私自身、その問いかけに対する答えは見つかっていないが、時間をかけ、何らかの形で見つけていきたいと思っている。答えが見つかった際には、溝部司教に報告させていただきたいと思っている。今後、いろいろな機会を通じて青年たちや教会関係者の方と出会うこともあると思う。その方々にも、溝部司教との出会いを通じて教えられたこと、感じたことを伝えていきたいと思う。

（やまぐち・ともひろ）

望洋庵には今も溝部司教がいらっしゃる

八木信彦

二〇一六年六月十一日(土)のことだったと思います。この日、私は阿南教会に来ているベトナム人六名とフィリピン人一名の青年に日本文化を触れさせたいと思い、一泊二日の予定で京都に来ていました。

金閣寺訪問後、衣笠教会聖堂を皆で聖体訪問しました。少し祈った後、聖堂を出ると数人の壮年男性が駐車場で歓談をしていました。雰囲気からこの教会の信徒の皆さんだと思い、翌日の主日のミサのために京都市内のどこの教会が近いかと彼らに聞きました。すると、そのなかの一人が「西陣教会に行ったらいい、私が司式をするから」との返事。なんとその方は司祭だったのです。「ミサの後、望洋庵に寄ったらいいよ。溝部司教のご遺骨が安置されているから」とつけ加えられました。溝部司教が帰天されて約三カ月がたっていたので、正直なところ、溝部司教のいない望洋庵に寄ることはあまり考えていませんでした。

翌日の日曜日、私たち八人は勧めに従って西陣教会でごミサに与り、その後望洋庵を訪ねました。そこには言われたとおり溝部司教が「いらっしゃいました」。そして何人もお祈りのために来られていました。そのなかには、ここで活躍されている青年のご両親も山陰から来られていました。初対面だったのでお互いに紹介し合い、生前の溝部司教について分かち合いました。そして、お祈りに来られていた数人の皆さんと、私たち阿南教会からの外国人グループが遺骨の前に集い、自己紹介をして小さな親睦のひとときをもちました。

このとき気づいたのですが、そういえば生前、溝部司教は彼を慕って訪ねてきた人々を引き合わせ、紹介し、親睦の和を深めるよう、とても配慮されていたのです。やはり確かに溝部司教はここに「いらっしゃる」と強く感じたとともに、今も生前と同じように「働かれておられる」ことを心から実感しました。衣笠教会で司祭に引き合わせてくださったのも、そして望洋庵へと導かれたのも、溝部司教が「働かれている」こと以外には考えられないのです。「望洋庵を忘れないように」、「青年たちを大事にするように」、改めて諭されたのでした。

私は聖書勉強会やいろいろな分かち合いの会に携わる機会に恵まれていますが、その終わりに必ず「振り返り」をもつようにしています。というより、何かに促されてそうさせていただいています。このことをとおして、普通の一般的な会合が霊的に豊かな会合へと変身していくのです。この大切さを伝えてくださったのは、溝部司教でした。帰天されてもなお確かにそばに「いてくださり」、「働いてくださっている」のです。イエス・キリストのような存在です。

（やぎ・のぶひこ）

「おさむおじさん」

中村三枝

私は溝部脩司教の姉の娘で、姪にあたりますが、普通の親戚のような関係ではありませんでした。溝部司教も大変忙しかったので、数年に一度会えるかどうかで、忘れたころにやってくる、そんな感じででした。ただ数年に一度会いに来る溝部司教は本当に優しく語りかけてくれました。今でも耳の奥のほうで、「みえ」と言ってくれる溝部司教の声はずっと残っています。

私の中では母から聞いた「おさむちゃん」の話のほうがしっくりくるのです。母は四人兄弟のいちばん上で、弟が三人います。いちばん上の弟が「たかしちゃん」、二番目が「おさむちゃん」、いちばん下の弟が「すなおちゃん」。母はいつも三人の弟の話を嬉しそうに語ってくれました。たかしちゃんは優等生できちんとしていて、おさむちゃんはやんちゃなスポーツマン、すなおちゃんは甘えんぼう。三人の弟のことを本当に愛しく思っていました。

母が七年前に亡くなったとき、溝部司教は来られませんでした。お忙しかったからしょうがない、心のどこかでそう感じていましたが、母は最期に「おさむちゃん」に会いたかっただろうな、と思っていました。そして月日がたち、溝部司教の体調が悪くなって、たびたび電話がくるようになりました。それまでも「みえ、遊びに来てくれ」と何度も言われていましたが、私もずっと子育てに追われ、何度も約束してはお断りをして、申し訳なく思っていました。

望洋庵の庵主になって司祭叙階五十周年記念のときに京都に行くことができました。具合が悪いことはお顔にも出さず、強い方だと思いました。ご自分の中で人生の終活を進めているように感じました。それから入退院を繰り返され、弱っていくなか、別府に来てくれと言われました。私の母の最期に会えなかったことは、溝部司教の心にも重くのしかかっていたのでしょう。具合が悪いのにもかかわらず、私の父母のために別府でミサを司式してくださいました。父も母もどんなにか喜んだことでしょう。

神に仕える神父としても素晴らしかったけれど、私は人間らしく、こちらと同じ目線で考えてくれた、強くて優しい「おさむおじさん」が大好きでした。どんどん弱っていく姿はとてもつらいものでした。しかし亡くなられた後、多くの信者さんたちが一緒に悲しんでくださいました。私は、「あぁ、このおじさんは本当の家族をもつことはなかったけれど、こんなにたくさんの信者さんたちから愛されていたんだな、素晴らしい人生だったんだ」と思い、安堵しました。今は神のおそばで一緒に歌を歌っていることを思います。

(なかむら・みえ)

叔父　溝部脩

永村麻紀

私にとって、温かくて大好きな叔父でした。幼いころは近くに来たときにたまに会うぐらいでしたが、すごくかわいがってもらっていました。看護学校の卒業旅行で教会の友人とフランス・スイス・イタリア旅行へ行ったとき、ローマで叔父と会いました。バチカンのミサをはじめ、いろいろな思い出づくりをしてくれました。私の結婚のときや子どもの祝福など、私の節目には、忙しいなかでも嬉しそうに参加してくれました。

叔父にとっての節目になるときには「今度、○○に行くことになった」と電話や手紙をもらいました。司教になることが決まったときは、突然電話があり、びっくりしました。残念ながら、私は妊娠初期でそのお祝いに行くことはできませんでしたが、両親が駆けつけ、叔父は喜んでいました。高松に行ったときも声をかけてくれましたが、子育てや仕事が忙しく、行くことができませんでした。

京都に来るとの知らせはとても嬉しく、やっと近くでいろいろな話ができると思いました。忙しい叔父とはゆっくりと話す機会がなかったのですが、病気が見つかり、話す機会も多くなり、叔父との時間をもって、叔父の思いを聞くこともできました。

叔父は死を感じたときに、家族のことを思い、家族の繋がりをもちたいと考えてくれました。叔父の思いをたくさんの方々に協力していただき、溝部家の別府への墓参り旅行を実現しました。本当に家族が繋がり、思い出に残る旅行となり、叔父もホッとしたようです。今でも家族にとって、叔父からのプレゼントに感謝しています。叔父から言われた「家族の中心にはいつも神さまがいるようにすることが大切」という言葉が今でも心に残っています。

「麻紀はいい子に育ったね。キリスト者なんだよね」と頭を撫でながら私自身を認めてくれた叔父がいなくなったのはつらいですが、今もそばにいて支えてくれているように思えます。

最後に、叔父をとおして、多くの方々との繋がりをいただき、本当に幸せと思っています。感謝です。これからも繋がりを大切にして、叔父が教えてくれた大切なことを宝物にして、日々過ごしていきたいです。


（ながむら・まき）

溝部司教の残されたもの

栗本嘉子

「あゝ、お腹が空いたなあ。何か食べて帰ろうか?」

理事会の帰りがけ、私に向かって言われた溝部司教。一瞬私はびっくりし、嬉しくもあり、またそれは溝部司教が司教であり本学園の理事であるという社会的な「立場」を一足飛びに飛び越えて、「栗本嘉子」という一人の人間と会いたい、と言われたのだと受け取るに十分な、気さくで、また私をリラックスさせる一言でした。だから私も校長とか理事という社会的枠組みから外れて、一人の人間として、この方に向き合いたいと思えた最初の瞬間だったと記憶しています。

彼(あえて私はこう呼びます)と私は、教育者としてどう若者に接することができるだろうか、若者はいつどのように心を開くのか、教育とは究極的には何か、教育者が最も大事にしなければならないことは何か等々、いつでも対話していたように思います。溝部司教が公の立場や場所で講話をされる機会もたくさんありましたが、結局のところ、私という一人の人間に語りかけられたのは、気楽な和食屋のカウンターで、ときには一緒に道を歩きながら、または車の運転席と助手席でやはり肩を並べながら……。私が彼から心に残る言葉をいただいたのは、大抵、顔が向き合っている場面というよりは、二人が同じ方向を向いて肩を並べて存在しているパーソナルなときであったということは、極めて象徴的でした。

彼は常に方向を指し示す人でした。私を見ろというよりは、私が進む方向に一緒に歩もうというスタンスです。私は溝部司教が見つめられる方向と同じ方向をいつも向いていたように思います。しかもそれは常に立場や役割を超えた、リラックスしたパーソナルな雰囲気の中で起こりました。

溝部司教が示されようとした真の若者への教育とは、結局そこにヒントがあるのではないかと、私は信じています。リラックスできているから、相手は信頼して心を開く。パーソナルな関係性を生み出すから、言葉や行動が相手の心の奥に届く。向き合うというよりは同じ方向を向いているから、指し示されているものがよく見える。時を共に過ごすから、自分が大切に扱われているとわかる。そしてつけ加えると、美味しいものを一緒に食すると、その人はそれを忘れない。溝部司教は教育者の基本姿勢を私に豊かに示されましたが、それはとりもなおさず、私がそのように若者にかかわるように、身をもって教えられたのだと今も思っています。

京都の西陣教会内に溝部司教が設けられた「望洋庵」は、今も若者が集い、一緒に心を開き合い、一つの方向を見つめながら語り合い分かち合っている場です。

その礎を築かれた溝部司教とは、もはや地上で出会ったことのない若者たちも増えてきているると知り、大きな可能性を感じています。「大いなる心意気と自由なる裁量」、これが望洋庵の若者に残されたモットーです。溝部司教らしい素晴らしい言葉です。

（くりもと・よしこ）

溝部司教が残した証し

山野内倫昭

「あなたがたにゆだねられている、神の羊の群れを牧しなさい。強制されてではなく、神に従って、自ら進んで世話をしなさい。（中略）ゆだねられている人々に対して権威を振り回してもいけません。むしろ、群れの模範になりなさい」（一ペトロ5・2〜3）

「特に若者たちから愛されるように生きなさい」（ドン・ボスコ）。

初めての出会い一九八六年三月

私は両親と四人の弟たちと一緒に一九六四年にアルゼンチンへ移民し、その地で、十九歳でサレジオ会に入会し、二十九歳で司祭として叙階されました。その一年半後、ローマで二カ月の養成研修を受け、二十二年ぶりに一カ月間日本を訪ねました。子どものときに別れて以来の親戚と再会するために、出身地である大分県佐伯市まで足を運び、私が一九五五年十二月に洗礼を受けた佐伯カトリック教会で「初ミサ」をささげました。また、私に洗礼を授けてくださったイタリア人の宣教師、セッキ・チェザレ神父が主任司祭としておられた大分県の北の町、豊後高田教会でも、セッキ神父の共同司式で初ミサをささげました。

里帰りを終えてからアルゼンチンに帰る前に東京に一週間滞在できたお陰で、一九八六年三月に調布サレジオ神学院で行われた助祭叙階式に参加することができました。そのときにたくさんのサレジオ会員と出会い、初めて溝部脩院長と話しました。祝賀会のときには中垣フランク純神父（帰天一九九九年一月二日）に歓迎の言葉をいただき、そのなかで「マリオ神父、数年したらあなたが日本に戻り、サレジオ管区のため、また日本の教会のためにアルゼンチンで体験したことを伝えてくださるように祈ってます」と予言的なことを言ってくれたことも思い出に残っています。

その祝賀会の後に、調布サレジオ神学院の古い体育館でシニア志願者や神学生たちが参加者のために「シンデレラミュージカル」を演じてくれました。ミュージカルが終わり、溝部院長から中垣神父と同じような言葉をいただきましたが、笑いながら「そのようになるようにお祈りください」と答えたのを記憶してます。

それから私はアルゼンチンに戻り、サレジオ会の北管区（コルドバ）の哲学生共同体の司牧担当者として司祭職を始めました。また、大学の哲学と教育学の部門が神学校ともなっていましたので、司牧と霊性神学、社会学、古代哲学、教育学史などを教えるとともに、週末には哲学生たちと一緒にいくつかの団地の司牧活動にかかわりました。一九八八年にはその哲学院の支部の院長に任命されましたが、一九九一年五月、全国の五つのアルゼンチンのサレジオ管区とパラグアイ管区の修練長がネウケン教区の司教に任命されたため、急遽、私がコルドバ管区からブエノス・アイレス県のラ・プラタ市にあった修練院院長として派遣されました。そこで多くのアルゼンチンのサレジオ会員とも出会い、またパラグアイの会員とも出会いました。

そして翌年には七十キロ離れたブエノス・アイレス都のラモス・メヒアという街にある修練院に移動しました。その一年前、ベルゴリオ神父が、隣の教区であるブエノス・アイレスの補佐司教として選ばれました。カテドラルから五キロ近く離れていたサレジオ会の扶助者聖マリアの大聖堂でホルヘ・マリオとして洗礼を受け、青少年時代はその教会のアルマグロという街のオラトリオでサッカーをしていたベルゴリオ神父こそ、現在の教皇フランシスコです。今でも聖ロレンツォ（San Lorenzo de Almagro）チームのサッカーファンだそうです。

日本への帰国の識別、二回目の出会い

私は修練長として六年間（一九九一年五月〜一九九七年二月）、六つのグループの修練者たちの修練長の使命を果たしました。最後の年に、徐々に「日本にいつ帰るの」という声を心の奥で

聞き始めました。それと同時に、その六年間、大きな恵みとして、私は五十人以上の修練者を受け入れ、同伴しました。特に六年目には心身の疲れを感じ始め、一年間のサバティカルをどこかで取れたらと管区長に話したところ、里帰りで日本に行かないのかと言われました。眠れないほど迷いました。気持ちとしては帰国したかったのですが、言葉の壁のこと、また、サレジオ会員としてイタリアへまだ勉強に行ってないので、生涯養成のために行けないのかとも思いましたが、「日本に行きなさい。その後で、また、何をするかを示します」という声が心の奥から何度も聞こえてきたのでした。創世記十二章一節のように。

一九九三年から日本に帰国していた私の二番目の弟アンヘル神父にスペイン語で手紙を書き、それを溝部管区長に渡してもらい、手紙での対話が始まりました。管区長はサバティカルを日本管区で過ごすようにと父親のように言ってくださったので、ブエノス・アイレスの管区長にもそれを伝え、日本に帰国する許可をいただきました。イタリアで長い間勉強した溝部司教の海外体験も私の識別に大きく影響を与えてくれました。そして、「とりあえず帰国して、故郷に一番近い大分のスタディーセンターに行き、一般の人にスペイン語やギターを教え、国際交流センターで日本語を勉強したらよいのではないか」と勧めてくださいました。

その年にサレジオ会の日本管区長は藤川神父になりましたが、溝部管区長のお陰で帰国できたことは神のみ旨であったと確信しています。

日本で出会った溝部司教

日本に帰国してから溝部司教とはたまにしか会うことがありませんでした。深いお付き合いは彼が仙台から高松司教として移動されてからです。私は二〇〇四年四月から六年間、調布サレジオ神学院院長として勤めました。その間、溝部司教に神学生の黙想会指導に来ていただいたことがあります。

高山右近の生涯と霊性、またほかの日本の殉教者について講話を聴いたのはそのときでした。夜は二時間くらい日本の教会やサレジオ会の歴史についての分かち合いをしてくれました。預言者のような存在感をもっている方だなと強く感じました。特にサレジオ会がどのように日本の教会のために貢献しないといけないかを司教になって初めてわかってきたということに関してのたくさんの体験を聞きました。

そして私が、四谷のサレジオ管区長館に副管区長として、また支部院長として派遣されてからは、溝部司教がしばしば管区長館に宿泊してくれました。調布院長のときの思い出話をよくしてくださいました。たとえば、日曜日はユースセンターの子どもたちと野球大会に行って、夕方になると神学院で晩の祈りと聖体賛美式があり、全会員に霊的な講話をしないといけなかったのですが、日中の子どもたちとの活動で楽しく疲れてしまったけれど、毎日曜日頑張って講話した話など、繰り返し話されました。イタリア留学のときからぶどうのお酒グラッパがお好きだったので、四谷の管区長館にはいつも一本、溝部司教のために隠されていました。

最後の出会い　京都の望洋庵

二〇一四年十二月四日に私は、総長からサレジオ会日本管区長に任命されました。溝部司教には二〇一六年二月二十九日に帰天されるまで何度か会いました。高松から京都に行く前に、サレジオ会員として管区に戻る道もあるけれど、日本の教会の中で青年の霊的同伴、特に福音の分かち合いをしたいという希望について、いつも深い夢をもっていらしたことが、私の中でいちばん印象深く残っています。司祭当時から別府や大分で青年・大学生の集いを行っていました。

たとえば、私が帰国した一九九七年十二月に風邪を引き、ある宣教師にクリニックに連れて行ってもらったときのことです。そこの医師が「実は私も洗礼を受けてますが、この数年間教会に行ってません。大学生のとき溝部神父が私たちを集め数人の学生たちが洗礼を受け、私のような医者になった者もほかにいます。お会いになられましたら、私たちのために祈ってくださるようにとお伝えください」と言ったのでした。

溝部司教と最後に会ったのは亡くなられる数週間前でした。そのとき、数人の青年がボリビアでボランティア活動の体験ができるようにと頼まれ、その夏にその願いが実現されました。青年たちとの交わりが溝部司教の霊的・司牧的遺言です。「神は若者をとおして私たちに声をかける。若者と共に福音的に生きることが日本の教会を刷新する」とおっしゃっているのだと思います。

パナマのワールドユースデーの締めくくりのミサのとき、またローマに帰国する数時間前にWYDでボランティアを務めた三万人の青年たちに教皇フランスコが強調した「若者の皆さん、あなたたちは教会の将来の者ではありません。皆さんは今の教会の最も大事なメンバーです。皆さんが特に奉仕の喜びを味わってくだされればその日は刷新され、その刷新が教会全体を刷新します」というメッセージは、溝部司教の遺言と一致しています。

多くの人のため、特に人生の意義を探し求めている若者に同伴するための聖職者や信徒のリーダーたちが私たちの教会に現れるように、溝部司教の取り次ぎによって願いましょう。

（やまのうち・みちあき）

若者と共に

溝部司教の言葉

望洋庵を始めて、若者が宗教的なことをこんなにも求めているのかということに驚いています。彼らは一緒に集うことの喜びを求めています。青年の本質は昔も今も変わっていない、本当に純粋な青年たちがたくさんいます。歳をとってもこれならできると自信を強めています。

望洋庵ではあまりあわてず、ゆっくりと、そして必ず福音をいちばんに置いて分かち合いながら、若者と共に歩んでいます。そのなかで、若者一人ひとりが自分の人生を決めていってくれたらいいなと思っています。

望洋庵の分かち合い

あとがき

忘れられない光景があります。二〇一六年三月二日夜、小雪舞う京都カトリック河原町教会聖堂にて執り行われた溝部司教の通夜ミサの後、溝部司教が晩年よく口ずさんでいらした「サンタ・マリア」の歌を、三十名ほどの青年たちが棺を囲み、嗚咽しながら歌っていた姿です。溝部司教を慕って全国から別れに集まってきた方たちはみんな同じ思いだったと思います。この胸に迫る見送りは、溝部司教がどれだけ青年たちに慕われていたかを物語るに十分すぎる光景だったと思います。

溝部司教が帰天されて四年の月日が流れようとしています。この間、溝部司教が残してくださったネットワークを辿り、懐かしいかつての友人たちと再会を果たすことができました。

驚いたのは、活動を共にした元青年の友人たちや溝部司教との繋がりで出会った方々と当時の思い出話をひとしきりした後に皆、同じような言葉を口にすることでした。

「溝部司教と出会っていなければ、今の自分は存在していない」

「溝部司教から教えていただいたことが今の自分の礎になっている」

多くの元青年たちにとって溝部司教との出会いが人生のターニングポイントになっていたのです。あちこちから何度もこのような言葉を耳にし、「これは、それぞれの胸にしまっておくほど小さな事実ではないのではないか」という思いに至りました。

その後、二年半の歳月を経て、二〇一八年八月末に大分カトリック教会内で溝部司教追悼文集企画実行委員会を立ち上げることができました。この企画の趣旨には、大分教区の浜口司教が賛同してくださり、この活動を温かく後押ししてくださいました。

また、この企画には多くの方々からご寄付をいただきました。執筆原稿も全国から多数集まりました。そのなかには「溝部司教は生前、出会った人たちのことを書いて本にしたいと語っておられた」というエピソードもあります。本書を形にするまでの道のりを振り返ると、もしかすると溝部司教が構想されて企画実行を導いてくださったのではないかと思われるほど、不思議な恵みを感じることもありました。

日本は令和という新しい時代に入りましたが、現代は先が見えない、とりわけ若者たちが未来への希望を見いだしにくくなった混迷の時代だと言われています。そんななかにあって本書は、青年と元青年たちを繋ぐメッセージになるだろうと考えています。

歴史学者であり、その一生涯の情熱を青年たちへ注がれた溝部司教の遺志が未来への道しるべとなり、この本を手に取られた方々の心に引き継がれていくことを心より願っています。
最後に、各方面から力を尽くしてくださった全国の皆さま方に心より感謝申し上げます。

溝部脩司教追悼集企画実行委員会

赤岩民男　大浜孝博
鈴木忠実　内藤正高
永村麻紀　西村美子
野田陽子　東　信行
東　富子　増田雄弘
松永久美　薬真寺真理枝

フランシスコ・ザビエル溝部脩　年譜

一九三五年三月五日	北朝鮮新義州に生まれる。 父ジロー　母スミ　姉、兄、弟の四人きょうだい。
一九四六年三月	別府市亀川小学校卒業。
一九四九年三月	別府市山の手中学校卒業。
一九四九年十二月二十四日	別府教会にて受洗。
一九五〇年四月	宮崎市の日向学院高等学校に入学。 同時にサレジオ会志願生として併設の小神学校に入る。
一九五〇年六月十八日	都城教会にてレオーネ・ヴィリアベッラ師より堅信。
一九五三年三月	日向学院高等学校卒業。調布サレジオ神学院へ。
一九五四年三月二十四日	修練期開始。
五月二十四日	ヴィンチェツォ・チマッティ神父より着衣。
一九五五年三月二十五日	来日中のサレジオ会六代目総長レナート・ジジョッティ師の前にて初誓願（調布）。

一九五五年四月～一九五六年三月　調布サレジオ神学院で哲学を学ぶ。

一九五六年四月～一九五九年三月　宮崎日向学院にて実地課程。

一九五八年三月二十五日　誓願更新。

一九五九年三月二十九日　終生誓願。

一九五九年～　イタリア・ローマのサクロ・クオーレにて哲学を学ぶ。

一九六〇年～一九六四年　イタリア、トリノ（クロチェッタ）の国際神学院にて神学を学ぶ。

一九六四年二月九日　イタリア、トリノにて司祭叙階。

一九六四年～一九六七年　ローマの教皇庁立グレゴリアン大学で教会史を学ぶ。

一九六七年四月　大分カトリック司教区司教秘書に就任。

一九六八年　上智大学史学科で学ぶ。

一九六九年　上智大学に通いながら、杉並の育英工業高等専門学校にて倫理を教える。サレジオ会日本管区青少年司牧担当。

一九七一年　上智大学史学科博士課程修了。

一九七三年〜一九七九年	大分教区にて青少年司牧担当。大分県立芸術文化短期大学でイタリア語を教える。
一九七九年〜一九八四年	大分県、中津ドン・ボスコ学園園長、院長。
一九八四年	ローマ、サレジオ大学で研修。各地の友人、恩人、知人を訪ねる。
一九八四年〜一九九〇年	東京、調布のサレジオ神学院院長。
一九九〇年	杉並支部へ。サレジオ会日本管区副管区長。
一九九〇年十二月〜一九九七年	サレジオ会日本管区管区長。
一九九八年四月	長崎教区の長崎コレジオ院長就任。
二〇〇〇年六月十二日	仙台教区司教に任命。九月九日司教叙階。
二〇〇四年五月十四日	高松教区司教に任命。七月十九日着座。
二〇一一年三月二十五日	高松教区教区長退任し、同教区の江ノ口教会で司牧。
二〇一二年六月	京都市のカトリック西陣教会にある望洋庵の庵主に。
二〇一六年二月二十九日	京都大学附属病院にて帰天。

溝《みぞ》部《べ》脩《おさむ》司《し》教《きょう》からの贈《おく》りもの
105名《めい》の証《しょう》言《げん》

2020年2月29日　初版発行

編　溝部脩司教追悼集企画実行委員会

発行者　関谷義樹

発行所　ドン・ボスコ社
〒160-0004　東京都新宿区四谷1-9-7
TEL 03-3351-7041　FAX03-3351-5430

装　幀　幅　雅臣

印刷所　株式会社平文社

ISBN978-4-88626-661-3
（乱丁・落丁はお取替えいたします）